KB211141

나는

있다

한 영혼에 목숨 거는 제자훈련 정신을

난 있는다

국제제자훈련원

나의 아버지 故 김병원 목사님과
나의 멘토 故 옥한흠 목사님께
이 책을 바칩니다.

나는 있는다

30년 전에 만난 깡마른 20대 초반의 김명호 전도사를 떠올려
본다. 1982년 12월 어느 추운 겨울 주일 저녁이었다. 하루 종
일 주일학교 아이들과 씨름하고 교사들을 훈련하느라 저녁
을 먹지 못한 채 저녁예배에 참석했다며 "누님, 밥 좀 사주세
요!"라는 것이었다. 서로 알게 된 지 얼마 안 된 시기라 어쩐
지 서먹서먹했는데 이 일을 계기로 우리는 오누이 사이가 되
었다.

　김명호 목사가 주일학교 교역자를 거쳐 결혼, 군대, 유학의
모든 과정을 겪는 모습을 옆에서 지켜보며 함께 기도했던 세
월을 반추해 보면, 사실 우리는 친형제보다 더 많은 시간을
함께 보냈다. 나와 김명호 목사는 바울이 서신서에 자신의

어머니요 형제라고 표현했던 그런 관계였다. 어려운 일이 생겼을 때 기도제목을 나누고, 그것을 붙들고 주님 앞에서 함께 엎드리고 사역해 온 모든 순간순간들이 활자가 되어 이렇게 세상에 나오게 되어 얼마나 감사하고 기쁜지 모른다.

사람들은 소유욕으로 얼룩진 마음으로 세계에서 최고, 또는 이 세상에서 최초가 되고 싶어한다. 그러나 김명호 목사는 2인자의 자리에서 섬기는 것이 자신에게 주어진 축복인 것처럼 생각했다. 그래서 옥한흠 목사님이라는 거목 아래서 묵묵히 제자훈련 현장을 지키는 동시에, 국제제자훈련원의 체계를 하나하나 세워 왔다. 워낙 매사에 철저하고 책임감이 강하며 행정력이 뛰어났기 때문에 옥한흠 목사님의 마음을 잘 읽고 제자훈련이 국제화되는 일에 한 획을 그을 수 있었다. 그를 단적으로 말하면 제자훈련의 DNA가 뼛속까지 박힌 사람이었다.

긴 세월만큼이나 이 책은 무게감이 느껴지는 책이다. 돌아가신 지 일 년이 지나 서서히 사람들의 기억에서 잊혀지는 옥 목사님의 목회철학과 제자훈련의 정신을 잘 담아 내어 옥 목사님을 그리워하는 이들에게 값진 선물이 될 것이라고 확신한다.

또한 이 책은 제자훈련하는 모든 교회 목회자들에게는 교회의 체질을 개선하고 성도 한 사람 한 사람을 주님의 제자

로 훈련시키는 데 도움이 되는 아이디어와 지혜를 제공할 것
이다. 제자훈련을 준비하는 모든 성도들에게는 훈련을 잘 받
도록 준비하고, 제자훈련이 자신의 삶에 미칠 영향력에 대한
기대감을 선사할 것이다.

국제제자훈련원이 탄생하게 된 배경에서부터 지금의 사랑
의교회가 지역 교회의 사명을 넘어 전 세계를 향해 제자훈련
의 목회철학을 나누게 된 과정들을 엿볼 수 있는 것도 큰 재
미다.

『나는 잇는다』를 통해 사랑의교회와 옥한흠 목사님의 제자
훈련 목회철학이 더욱 선명히 드러나게 되길 소망해 본다.
그리고 부활하신 우리 주님께서 우리에게 남겨 주신 대사명
을 수행할 21세기의 제자들이 불일 듯 일어나길 간절한 마음
으로 소망한다.

강명옥 전도사(사랑의교회)

저자는 옥한흠 목사님에 이어 제자훈련에 미친 또 하나의 광
인입니다. 감히 이렇게 말할 수 있는 것은 저자와 함께 그리
고 오래 그것도 누구보다도 가까이 지내 보았기 때문입니다.
이 책을 읽으며 사람을 살리고 사람을 세우고 세상을 변화시
키는 그 제자훈련의 비전과 감동을 다시 한 번 새롭게, 그리
고 더 풍성히 마음에 새겨 보았습니다. 교역자와 평신도 지

도자, 그리고 평신도 그 어떤 분이라도 이 책을 읽는다면 건강한 인생을 꾸려 나가고, 보람 있는 사역의 길을 걸어가는데 큰 영감과 도전을 얻을 것입니다.

남창우 목사(장충교회 담임)

책을 읽으며 마치 깊은 감동이 있는 음악회에 와 있는 듯 기뻤습니다. 모두가 1등만을 하겠다고 아우성치는 이 시대에 하나님 나라를 위해 조용히 자신을 숨긴 저자의 삶의 연주를 통해 당신은 진정한 제자도를 배우게 될 것입니다.

박정근 목사(영안교회 담임)

평소 한국 교회와 지도자를 향한 남다른 소명을 가지고 있던 김명호 목사님은 '제자훈련'을 통해 한국 교회와 디아스포라 이민 교회, 열방에 이르기까지 건강한 교회를 세우고 평신도를 깨우는 사역에 자신의 삶을 던져 왔습니다. 영적 거장 옆에서 30년간 함께 걷고, 함께 울고 웃으며 지나온 시간들을 회고하며 진솔하게 들려주는 나눔 속에서 '한 사람의 철학'에 저의 시선이 고정되었고, 아울러 '사람을 세우는 일의 소중함'을 다시 붙잡게 되었습니다.

무엇보다도 혼란한 시대 속에서 진정한 예수님의 길, 래디컬(Radical)한 삶을 향한 목마름이 있는 사람들, 그리고 한 사

람을 온전한 제자로 삼는 일에 자신을 드리고 싶은 분들에게
이 책은 남다른 열정을 불러일으킬 것입니다.

서정인 목사(한국컴패션 대표)

모세가 누린 가장 큰 행복 중에 하나는 여호수아라는 세컨드
바이올리니스트와 함께 삶과 사역을 연주하다 그에게 자신
의 리더십을 물려주고 떠난 것입니다. 故 옥한흠 목사님에게
김명호 목사는 여호수아 같은 그런 사람입니다. 지역 교회를
섬기는 사역으로 꽃핀 제자훈련의 커튼 뒤에는 김명호 목사
의 헌신과 열정과 섬김이 서 있습니다. 구구절절 스승에 대
한 사모함과, 그와 함께한 사역을 더 풍성하게 꽃피기를 원
하는 열정을 읽습니다. 이 책을 통해 한 멘토와 그의 멘티 사
이에서 일어나는 구체적인 멘토링의 과정, 즉 사람을 세우는
모든 사람에게 꼭 필요한 그림을 얻습니다.

양승헌 목사(세대로교회 담임, 전 파이디온선교회 대표)

김명호 목사님은 사랑의교회 제자훈련의 시작부터 성장과
도약, 국제화의 변화와 도전의 지난 30년간 충성과 열성으로
헌신해 온 소중한 동역자입니다. 이 책은 김 목사님이 제자
훈련에 바친 땀과 눈물의 자취들을 담아 전하는 은혜와 감사
의 육필고백이라고 할 수 있습니다. 이 책을 통해 모든 족속

으로 주님의 제자 삼으라신 주님의 명령에 순종하여 하나님 나라의 영적 재생산에 동참하기 원하는 세상을 향해 보냄 받은 소명자들이 벌떼와 같이 일어나길 원합니다.

오정현 목사(사랑의교회 담임)

김명호 목사님은 故 옥한흠 목사님 곁에서 30년간 동역을 해오신 아름답고 탁월한 지도자이십니다. 이 책은 아웃사이더가 아닌 인사이더로서 그가 지켜본 옥 목사님의 제자훈련 사역의 전모를 심층에서 발견할 수 있는 책이 될 것입니다. 동시에 이 책은 세컨드 바이올리니스트들의 고뇌와 영광을 함께 직면하게 해주는 다시 없는 지침서이기도 합니다. 오늘 우리 사회와 교계는 퍼스트 바이올리니스트를 꿈꾸는 사람들로 넘쳐 나지만 하나님 나라의 오케스트라를 완성할 신실한 세컨드 바이올리니스트는 보이지 않습니다. 이 책은 한국 교회의 성숙한 미래를 고민하는 모든 사람들에게 더 없이 소중한 필독서가 되어 한국 교회의 미래를 견인하는 내비게이션이 될 것입니다. 이 책이 옥 목사님의 『평신도를 깨운다』와 함께 다음 세대의 지도자들을 세우는 설계서가 되는 것을 보고 싶습니다.

이동원 목사(지구촌교회 원로)

저자는 현존하는 인물 가운데 故 옥한흠 목사의 제자훈련 철학을 가장 잘 전수받은 사람입니다. 그의 삶은 제자훈련으로 흠뻑 젖어 있습니다. 30년이란 긴 세월 동안 국내와 해외에 제자훈련의 보급과 실행을 위해 헌신과 충성을 아끼지 않았고 제자훈련에 대한 연구도 끊임없이 해왔습니다. 저자는 이 책을 통해 거장에게 배운 교회론에 입각한 제자훈련의 철학과 실제적 지침들을 그의 30년 제자훈련 여정의 진솔한 이야기들을 통해 균형있게 제시하고 있습니다. 교회의 건강한 모습을 갈망하는 모든 분들께 추천합니다.

이재학 목사(디모데성경연구원 대표)

영적 스승과 함께 30년 동안 이어온 제자훈련 전문 사역의 발자취를 살펴보면서, 사람을 살리고 교회를 세우는 제자훈련의 중요성을 다시 한 번 깨닫게 되었습니다. 교회로서, 성도로서 제 역할을 회복하는 길을 고민하는 목회자와 평신도에게 이 책이 좋은 길잡이가 되어 줄 것입니다. 아울러, 건강한 교회를 세우기 위해 이름 없이 섬기는 모든 전문 사역자들에게 깊은 위로와 격려를 보냅니다.

최홍준 목사(부산 호산나교회 원로)

머리말

당신의 연주가 그립습니다

거장의 연주는 우리를 전율하게 만든다. 음(音)이라는 매개체를 통해 그가 그려 내는 세계는 때론 아름답고, 때론 고독하며, 때론 슬프고, 때론 행복하고, 때론 고통스럽다. 그 속에서 우리는 천상의 세계를 흘끗 엿보고는 격렬한 영혼의 떨림을 경험한다. 팔에는 소름이 돋고, 등줄기를 훑으며 내려가는 한줄기 전율에 한숨처럼 눈물방울을 떨군다.

거장의 연주가 위대한 것은 기량이나 기교가 탁월해서가 아니다. 그것은 한 인간이 경험으로 축적한 음악에 대한 이해이자, 끊임없는 연습으로 비로소 구축한 성실성의 열매이며, 다른 것을 포기하며 오로지 한 길만을 추구한 헌신의 영광이다. 그 희생과 열정의 지난하고 고통스러운 과정들이 우리의 영혼을 두드리는 것이며 그래서 우리는 감동한다.

지난 30여 년간 나는 옥한흠이라는 퍼스트 바이올린 곁에서 세컨드 바이올린을 연주하는 축복과 은혜를 누렸다. 광인(狂人)이라 불렸던 이 수석연주자는 자신의 삶을 신앙이라는 음악의 제단에 고스란히 바쳤다. 그가 연주할 때 그의 바이올린은 헌신의 울림으로 가득 찼고, 그의 활은 섬김의 긴장으로 끊어질 듯 팽팽했다. 그의 음악은 아름다운 제자의 길이었고, 나는 그 곁에서 광활한 신앙의 바다를 활보하는 은보(恩步, 은혜의 발걸음, 옥 목사님의 호)의 궤적을 보았다.

그의 연주는 내게 늘 새로운 떨림이었고 감동이었으며 앞으로 내가 걸어야 할 길을 보여 주는 유일한 비전이었다. 오로지 욕망하는 것밖에 알지 못하는 세속적인 눈은 퍼스트 바이올린의 위치를 열망했겠지만, 탁월한 퍼스트 바이올린 곁에서 동행하는 세컨드 바이올린의 기쁨은 내게 차고 넘치는 은혜였다. 내게 제자의 눈물과, 제자의 헌신과, 제자의 아픔과, 제자의 고통과, 제자의 행복과, 제자의 영광을 온 몸으로 고스란히 보여 주었던 그는 나의 멘토이자 동역자이며 친구였다. 이 책에 적힌 소소한 기억들은 세컨드 바이올린으로서 내가 나의 멘토와 함께 걸었던 세월의 흔적이자 기쁨들이다.

2011년 가을, 서초동에서 김명호

차례

제 1 부

내 옆의 수석연주자

하얗게 마른
거장의 손

설교를 준비할 때마다 눈앞에 아른거리는 영상이 하나 있다.
그들 중에는 주일날 설교를 듣고 새 힘을 얻지 못하면, 삶의
무게를 감당하지 못해 주저앉아 버릴 사람들도 한두 명이 아
니었다. 또 영적으로 병이 들어 위기를 만난 사람들도 많이 있
었다. 만일 그들이 설교에서 은혜를 받지 못하고 허탈한 심정
으로 교회의 문을 나선다면, 이것만큼 설교자로서 부끄럽고 고
통스러운 일은 없을 것이다. 그러니 한 편의 설교를 위해 최선
을 다하는 것만이 나의 사명이라는 생각을 떨쳐 버릴 수가 없
었다.

- '제자훈련과 설교, 쉽게 하려는 유혹을 물리치라' 중에서(「디사이플」 2006년 11월호)

8월, 미국 캘리포니아의 하늘은 푸르렀다. 교외 지역의 조용한 주택가, 한적한 거리 풍경, 집 앞의 시원한 잔디밭을 보며 내가 서울을 떠나왔음을 실감했다. 어디를 가든 조밀한 빌딩숲과 인파로 숨막히던 서울과 달리, 내가 거처로 잡은 브레아 지역은 여유로운 녹지대로 자유로움이 느껴졌다. 거리에 사람이 별로 없어서 오히려 적적함을 느낄 정도였다.

브레아의 한 귀퉁이에서 나는 오정현 목사를 기다리고 있었다. 오 목사는 내가 한국을 떠나기 전, 브라질을 방문했다 귀국하는 길에 잠시 이곳 로스앤젤레스에 들르겠다고 약속했다. 그리고 나의 거취 문제를 의논하자고 말했다. 하지만 오 목사가 오려면 아직도 2~3일을 더 기다려야 했다. 나로서는 그를 기다리는 시간이 답답했다. 그리고 불안했다. 미래는 불투명했고 나는 의기소침해 있었다. 땅거미가 길게 거리에 깔릴 때면 서울의 풍경이 그리움처럼 아련하게 떠올랐다. 늘 분주했던 사랑의교회 본관과 국제제자훈련원 사무실이 영화의 한 장면처럼 느리게 흘러갔다.

미국으로 떠나오기 전, 나는 오정현 목사의 집무실로 찾아 갔다. 내 손에는 사직서 한 장이 들려 있었다. 30여 년간 일 했던 곳을 떠난다는 것이 절대로 쉬운 일은 아니었지만, 훈련원에서 내 역할은 다 끝났다는 생각이 들었다. 남자 나이 쉰, 그것이 주는 중압감에 시달리며 뭔가에 쫓기듯 지금이 아니면 새로운 일을 시도할 엄두조차 내지 못할 것이라고 생각하여 사직을 결심했다. 그것도 옥 목사님의 축복을 받으면서 시작하고 싶었다. 그래서 옥 목사님을 찾아가 거의 어린아이가 막무가내로 억지를 부리듯 사직을 허락 받았다. 그리고 마지막으로 오 목사에게 찾아가 사직서를 내밀었다.

사표가 쉽게 수리되지는 않을 것이라고 예상은 했지만 생각보다 그 기간이 길고 답답했다. 그래서 고민 끝에 얼마간의 안식년을 보내기로 하고 편치 않은 마음으로 미국으로 건너와 있었던 것이다.

나는 미국의 지인들과 식사 중이었다. 앞으로의 사역 방향과 이런저런 한담이 식사 중간 중간 이어지고 있었다. 식사와 대화가 무르익어 갈 무렵, 내 핸드폰이 울렸다. 양해를 구하고 주머니에서 전화기를 꺼냈다. 국제제자훈련원의 정은 자매였다. 목소리가 다급했다.

"옥 목사님이 갑자기 중환자실로 들어가셨어요. 상당히 힘드신 거 같아요. 빨리 돌아오셔야 할 것 같아요."

순간 머릿속이 텅 비었다. '목사님이… 중환자실을…?' 정은 자매의 황급한 목소리가 귓전에서 윙윙 울렸다. 제대로 상황을 물어보지도 못하고 얼결에 전화를 끊었는데, 곧이어 다시 벨이 울리기 시작했다. 액정에 뜬 발신자 번호를 보니 또 한국이었다. 불안감이 엄습했다. 예감이 좋지 않았다. 전화를 건 사람은 사랑의교회 강명옥 전도사였다. 수화기 너머로 강 전도사의 목소리가 떨리고 있었다.

"목사님이 위중해. 힘들 것 같아요. 빨리 한국으로 들어와야 할 것 같아…."

강 전도사의 목소리에 습기가 배어 있었다. 나의 물음에 좀 더 상세한 상황을 설명하던 강 전도사는 이내 울먹이기 시작했다. 가슴이 철렁 내려앉았다. 지금의 상황이 피부로 느껴졌다. 심박이 급격히 빨라지고 있었다. 등줄기로 땀이 흘러내리는 것이 느껴졌다. 나는 곧바로 식당을 나와 집을 향해 차를 몰았다.

간단한 옷가지와 세면도구만 챙겼다. 얼마나 서울에 머물러야 할지 알 수 없었지만, 이것저것 꼼꼼하게 챙길 마음의 여유가 없었다. 내 마음은 조바심을 치고 있었다. 빨리 서울로 가야 했다. 대충 짐을 꾸린 다음 로스앤젤레스 공항을 향해 달렸다. 성수기라서 한국행 비행기 좌석은 이미 오래 전에 예약이 끝난 상태였다. 당황스러웠다. 아는 사람들을 통해 이리저리 전화를 해 댄 끝에 간신히 예비석을 하나 구할 수 있었다. 그제야 한숨이 새어 나왔다. 이제 비행기만 타면 서울로 갈 수 있었다. 발을 동동 구르는 사이 로스앤젤레스의 긴 여름 해가 저물고 있었다. 나는 공항 대합실에 앉아 서서히 어둠 속으로 잠겨 드는 활주로를 바라보고 있었다. 굉음과 함께 힘겹게 활주로를 차고 오르는 비행기의 꼬리 부분에서 미등이 위태롭게 깜빡이고 있었다.

그날 오정현 목사는 로스앤젤레스 공항에 도착할 예정이었다. 하지만 오 목사 역시 목사님의 입원 소식을 듣고는 공항에 도착하자마자 바로 한국행 비행기로 갈아타고 귀국해 버렸다. 우리의 만남은 취소되었다. 나는 한참 동안을 의자에 앉아 활주로만 바라보고 있었다. 어둑어둑하던 활주로는 이제 깊은 어둠 속에 잠겨 버렸다. 비행기의 이륙과 착륙을 안내하기 위한 지시등이 막막한 어둠 속에서 보석처럼 빛났다. '서울은 지금 몇 시쯤 되었을까?' 나의 머릿속에는 서울의 야경이 로스앤젤레스 공항의 활주로와 오버랩되고 있었다.

옥한흠 목사님은 서울대학병원 중환자실에 계셨다. 나는 조심스럽게 병실 안으로 들어섰다. 그곳에 목사님이 누워 있었다. 병상에서 홀로 외로운 사투를 벌이고 있었다. 의식이 없었다. 못 본 사이 목사님은 더 말라 있었다. 호흡이 거칠고 불규칙했다. 코와 입에는 산소마스크가 씌워져 있었다. 가늘고 야윈 손에는 굵은 링거 바늘이 꽂혀 있었다. 침대 옆 링거대에는 이름과 용도를 알 수 없는 주사액들이 어지럽게 매달려 있었다. 통증이 너무 심해 마취제를 투여한 상태라고 했다. 의사의 설명에 따르면, 목사님이 겪고 있는 통증은 상상을 초월한 것이었다. 인간의 신경계가 도저히 감당해 낼 수 없을 정도의 고통이라는 것이다. 그래서 마취제를 투여했고, 마취제 때문에 의식을 잃은 상태라는 것이다.

가슴에 통증이 일었다. 과연 저분이 옥한흠 목사님이란 말인가? 주일 강단에서 그토록 열정적으로 하나님의 말씀을 선포하던 그분이란 말인가? 세미나 강단에서 설교에 목숨을 걸라며 수백 명의 참석자들을 향해 피를 토하듯 광인론을 설파하던 그분이란 말인가? 믿기지 않았다. 엄청난 열정과 에너지로 강단을 휘어잡던 그 목사님이 이토록 야위고, 이토록 거친 호흡과, 이토록 파리한 안색으로 여기 누워 있다는 말인가? 침대 옆으로 흘러내린 하얗게 마른 목사님의 손에는 파리한 힘줄이 애처롭게 불거져 있었다.

회한이 밀려들었다. 가슴이 아팠다. 마음 저 깊은 곳에서부터 통증이 밀려들기 시작했다. 당신이 가장 힘든 시간, 이렇게 거칠고 가쁘게 호흡하는 시간, 인간의 신경계가 도저히 버텨 낼 수 없는 통증의 강도를 마취제로 어렵사리 막고 있는 시간, 그 외롭고 고통스러운 시간에 나는 미국에 있었다. 사직하겠다, 안식년을 갖겠다며 당신에게 또 다른 짐을 안겼다. 또 다른 부담감만 드렸다. 왈칵 밀려드는 송구함에 다리의 힘이 풀렸다. 잔뜩 야위고 메마른 목사님의 손을 보며 어찌할 수 없는 죄송함에 눈시울이 화끈했다.

나는 아직 거취 문제도 결정이 안 된 상태였다. 들어갈 수도 나올 수도 없었다. 뜨거운 것이 목울대를 밀고 올라왔다. 설움이었다. 나는 목사님의 침대를 바라보며 서러운 눈물을 쏟아 냈다. 통제할 수 없는 눈물이었다. 어찌할 수 없는 미안함과, 또 어찌할 수 없는 서러움이 뒤섞여 쉼 없이 쏟아져 내렸다. 오랜 시간을 그렇게 목사님의 거친 호흡 소리를 들으며 울고 또 울었다.

병원 측에서 산소마스크를 오래 끼워 둘 수는 없다고 했다. 어쩔 수 없이 목에 구멍을 뚫어야 한다는 것이었다. 그런 상황이 지속되면 환자는 소생할 가능성이 없었다. 시간이 흐를수록 상황이 나빠지고 있었다. 우리가 할 수 있는 것이라곤

기도밖에 없었다. 목사님의 가족과 친척들, 그리고 교우와 동역자들, 모두가 한마음으로 부르짖었다.

"하나님, 제발 우리 목사님 좀 살려주세요! 우리 목사님 좀 회복시켜 주세요!"

모두가 무릎을 꿇었다. 애타게 하나님께 매달렸다. 애절한 기도 소리가 병실과 교회 본당과 기도실을 가득 메웠다. 눈물의 기도가 릴레이로 이어졌다. 나 역시 그중 하나였다. 내 평생 그토록 간절하게 하나님께 매달린 적은 없었다. 그분은 그저 내가 모시는 당회장 목사님이 아니었다. 그저 내가 아는 선배가 아니었다. 그저 오랜 시간 함께 사역한 동역자가 아니었다. 그분은 바로 나의 롤모델이자 멘토였다. 나의 영적 스승이었다. 나의 오랜 친구였다. 그런 목사님을 이렇게 떠나보낼 수는 없었다. 이건 너무도 허무했다. 이런 식으로 그분과 이별할 수는 없었다. 말도 안 되는 일이었다.

"하나님, 하나님도 아시지요? 이건 정말 말도 안 되는 일입니다. 이런 법이 어디 있습니까? 정말 이러실 수는 없습니다."

나는 울었다. 그리고 기도했다. 기도하며 울었다. 울며 기도했다. 울고 기도하고 또 울었다. 모두가 그랬다. 그분을 알고, 그분을 아끼고, 그분을 사랑하고, 그분을 존경했던 모든 사람이 그랬다. 우리가 할 수 있는 일은 그저 눈물로 기도

하는 것뿐이었다.

　그렇게 기도가 이어지는 가운데 목사님의 상태가 서서히 호전되기 시작했다. 그토록 많은 사람들의 애절한 탄식을 하나님도 더 이상 외면하기는 힘드셨던 모양이었다. 폐의 염증 수치가 낮아지기 시작했다. 그러자 몸에 공급되는 산소의 양이 많아졌다. 의사가 마취제 투여를 중지했다. 마취제를 끊자 서서히 목사님의 의식이 돌아왔다. 목사님은 주위의 사물과 사람들을 알아보기 시작했다. 가족과 교우, 동역자들이 기쁨으로 술렁였다.

　마침내 면회가 이루어졌다. 목사님은 침대 주변을 쭉 둘러싼 가족과 동역자들을 천천히 둘러보았다. 그러고는 한 사람씩 눈을 맞추었다. 사모님과 자녀들과 일일이 눈을 맞추었고, 오정현 목사와 강명옥 전도사와도 눈을 맞추었다. 그리고 맨 마지막에 나를 쳐다보았다. 말은 할 수 없는 상태였다. 나를 바라보는 목사님의 눈빛에 반가움이 묻어났다. 목사님은 "너 왔냐? 너 왔구나!" 하시듯 고개를 끄덕끄덕 하셨다. 극도로 쇠약한 상태였기 때문에 대화는 불가능했다. 필담으로 간신히 몇 마디 나눌 수 있을 뿐이었다. '뭘 하고 싶으냐'는 사모님의 질문에 목사님은 '내가 아는 모든 사람을 보고 싶다'고 대답했다.

　그것이 전부였다. 나는 속으로 이 시간을 무척 고대하고 있었다. 목사님이 의식을 되찾으면 탁월한 통찰력으로 훈련원의 방향이나 나의 진로에 대해서 어떤 형태로든 마무리를 지어 주실 것이라고 기대했다. 실제로 목사님이 아니면 그런 문제들을 매듭 지을 사람도 없었다. 그런 면에서 목사님의 몇 마디는 정말 중요한 의미를 지니고 있었다. 하지만 내가 기대하고 바랐던 일은 아무것도 이루어지지 않았다.

면회가 이루어진 지 하루 만에 상황이 돌변했다. 목사님의 상태가 급격히 악화되었다. 다시 폐 수치가 높아지고 통증이 격심해졌다. 통증의 강도가 위험 상황에 이르자 마취제를 투여하지 않을 수 없게 되었다. 결국 마취제가 다시 투여되었다. 목사님은 혼수상태로 빠져들었다. 상황이 이렇게 급박하고 어렵게 돌아가자 언젠가는 회복하실 것이라는 희망의 불꽃도 서서히 사그라졌다. 가족들도 조심스럽게 희망의 끈을 내려놓았다. 말로 표현할 수는 없었지만 침울한 표정들은 조만간 다가올 미래의 상황을 예감하고 있다는 증거였다. 더 이상 아무도 입을 열지 않았다. 그저 무거운 침묵만이 병실 안에 감돌았다.

옥 목사님의 장남인 성호 형제가 나를 불렀다. 성호 형제는 내게 개인적으로 목사님과 함께할 수 있는 자리를 마련해 주겠다고 약속했다. 그동안 항상 가족들이 목사님의 침상을 지키고 있었기에 내가 목사님과 단둘이 함께할 수 있는 기회는 없었다. 성호 형제는 그런 나의 마음을 읽었던 것이다. 그래서 그런 기회를 마련해 주겠다고 나선 것이었다. 나는 성호 형제의 마음이 고마웠다.

병실 안은 조용했다. 나는 병상 발치에 서서 묵묵히 목사님을 바라보았다. 목사님의 호흡은 가늘고 힘겨웠다. 불규칙하게 이어지는 호흡은 금세라도 끊어질 듯 불안하고 위태로웠다. 나는 목이 말랐다. 초조했다. '정말로 목사님이 돌아가신다면….' 불안감이 몰려왔다. 목사님은 이렇게 떠나셔서는 안 되었다. 한국 교회가, 사랑의교회가, 목사님의 마지막 메시지를 간절히 기다리고 있었다. 정말로 이렇게 허무하게 떠나셔서는 안 되었다. 하지만 정말 목사님은 회복될 수 있을까? 나는 선뜻 대답할 수 없었다.

목사님의 대답을 기다리는 사람은 한국 교회나 사랑의교회 뿐만이 아니었다. 나 역시 마찬가지였다. 뭔가 새로운 돌파구를 만들고 싶지만 지금은 이럴 수도, 저럴 수도 없는 상황에 꼼짝없이 갇혀 버렸다. 나로서는 무엇이 옳은 것인지, 어떤 방향으로 가야 하는지 확신이 서질 않았다. 목사님이 뭔가 내게 지침을 내려 주고 방향을 설정해 주시기를 바랐다. 목사님의 한마디가 절실하고 시급했다. 그런데 목사님은 이렇게 아무런 말씀이 없으시다. 그저 불안하고 가는 호흡 소리만이 목사님의 목소리를 대신하고 있을 뿐이다.

나는 목사님과 단둘이 있게 되면 많은 이야기를 늘어 놓을 셈이었다. 할 말이 많았다. 목사님께 여쭈고 싶은 것도 많았고, 하고 싶은 말도 많았다. 정말 그랬다. 그래서 성호 형제가 단둘이 있는 시간을 마련해 주겠다고 했을 때 조금 설레기까지 했다. 그런데, 지금 난 아무 말도 할 수 없었다. 정작 목사님과 단둘이 있게 되자 머릿속이 표백이라도 된 듯 텅비어 버렸다. 아무 생각도 떠오르질 않았다. 그래서 혼자 우두커니 병실에 서서 목사님을 바라보는 것 외에는 아무것도 할 수가 없었다. 그렇게 멍하니 서 있는 내 머릿속에, 흐릿하고 오래된 영상이 서서히 떠올랐다. 그랬다. 그것이었다. 그것은 강남은평교회를 찾아 걸어가고 있던 20대의 청년, 바로 나의 모습이었다.

"너,
전도사 해라!"

기독교 지도자가 걷는 길은 우리가 사는 이 세상이 그토록 몰
두하는 길인 위로 올라가는 길이 아니라, 아래로 내려가다가
결국 십자가에서 끝나는 길이다. 여기서 우리는 미래에 기독교
리더십이 지녀야 할 가장 중요한 특징을 만난다. 그 리더십은
힘과 통제의 리더십이 아니다. 도리어 그 리더십은 무력함과 겸
손의 리더십이다.

– 헨리 나우웬

아버지는 경기도 오산의 한 시골 교회 담임목사였다. 오산제일교회는 군목으로 시작해서 오랫동안 목회에 헌신해 온 아버지의 마지막 부임지였다. 지나칠 정도로 헌신적이고 성실한 목회자인 아버지는 말년의 사역이 그다지 넉넉하고 풍요롭지는 못한 편이었다. 웬만큼 규모가 있는 교회를 담임하셨다면 당신의 말년은 좀 더 여유로울 수도 있었겠지만, 강직하고 불의를 참지 못하는 성격이라 교권(敎權)에서 멀리 떨어진 중소도시의 작은 교회를 목양하는 데 만족하셨다.

나는 그곳에서 중·고등부 아이들을 맡아서 가르쳤다. 나이는 어렸지만 어떤 형태로든 아버지의 사역을 돕고 싶었다. 순박한 시골의 아이들에게 하나님의 나라를 소개하고 복음을 전하는 일은 보람 있고 행복한 일이었지만, 다른 한편으로는 무척이나 부담스러운 일이었다. 담임목사의 아들이라는 위치가 늘 조심스러웠고, 20대의 젊은 혈기가 나를 조바심치게 만들었다. 단조로운 시골 교회에서 시간을 보내는 것이 불안했고, 대도시로 나가 탁월한 선배 밑에서 목회를 제대로 한번 배워 보고 싶다는 욕심이 나를 초조하게 만들었다. 나는 정말로 목회를 잘하는 선배들 밑에서 체계적으로 된 목회를 배우며 성장하고 싶었다. 한참 피가 끓던 나이였다.

1981년 5월로 기억한다. 당시 나는 총신대학교 3학년이었는데, 기회를 보다가 하루는 아버지에게 속마음을 털어놓았다.

"아버지, 제가 아버지를 돕는다고 중·고등부를 맡아서 하고는 있지만 목사 아들이라는 게 많이 부담이 됩니다. 주위의 시선들도 조심스럽고요. 아버지, 죄송하지만 절 좀 놔주시면 안 될까요? 서울에 올라가서 좀 더 많은 경험을 쌓고 싶습니다."

이렇게 말을 꺼낸 나는 조마조마한 심정으로 아버지의 표정을 살폈다. 그런데 아버지는 의외로 흔쾌히 허락하셨다. 그러면서 "목회를 처음 배울 때는 누구에게 배우느냐가 중요하다. 가능하면 신뢰하고 본받을 만한 선배를 찾아라. 그리고 교회를 신중하게 선택하도록 해라"고 조언까지 하셨다. 아버지의 그 말씀을 들으며 나는 오랫동안 부담스럽게 끌어안고 있던 마음속의 큰 짐 하나가 '툭' 하고 떨어져 나가는 소리를 들었다. 마음이 너무도 가벼웠다. 어깨에서는 날개라도 돋아날 지경이었다. 흔쾌히 허락해 주신 아버지가 너무 고마워 아버지를 끌어안고 춤이라도 추고 싶은 심정이었다.

나는 그렇게 오산을 떠났다. 부푼 꿈을 안고 서울로 향했다. 그리고 '처치 헌팅'(church hunting)을 시작했다. 서울로 향할 때부터 나는 한 교회를 마음속에 두고 있었다. 아버지에게 어렵사리 속마음을 털어놓고 교회 물색에 나서기 두 해전, 그러니까 1979년 겨울, 나는 장티푸스에 걸려 서대문 시립병원에 격리 수용되어 있었다. 그런데 그곳에서 우연히 학교 선배를 만났다. 그 선배 역시 나처럼 장티푸스로 병원에 격리 수용되었는데, 공교롭게도 내 옆 침상이었다. 자연스럽게 그 선배와 이런저런 이야기를 나누다가 교회 이야기가 나왔다. 그 선배는 당시 '강남은평교회'(개척 초기 사랑의교회) 대학부에 출석하고 있었는데, 제자훈련을 통해 큰 은혜를 받고 있다고 말했다. 그 선배를 통해 나는 강남은평교회라는 이름을 처음으로 듣게 되었다. 이후 나는 이 교회에 대한 이야기를 주변에서 자주 듣게 되었는데, 대부분 개척한 지 얼마 안 된 교회지만 굉장히 건강하고 좋은 교회라는 내용이었다.

그 해 6월 둘째 주일, 나는 마침내 강남은평교회를 찾아갔다. 교회는 지금의 서울 서초동 진흥아파트 앞 상가 건물에 있었다. 교회는 상가 건물의 3개 층을 사용하고 있었는데, 3층 전체를 본당으로, 2층의 반을 유치부와 사무실로 사용하고 있었고 주일학교는 지하실에 있었다. 나는 그날 주일 설교를 통해 옥한흠 목사님을 처음 만났다. 오래 전 일이라 그날 목사님이 했던 설교는 지금 상세하게 기억나지 않는다. 다만,

내게 깊은 인상을 주었던 것은 메시지를 전하는 옥한흠 목사님의 모습이었다. 목사님은 성경 본문을 세세하게 조목조목 짚어 가며 강해설교를 하셨는데, 말씀을 전하는 모습이 너무도 열정적이었다. 온 몸에서 뿜어 나오는 목사님의 열정에 설교를 듣는 교인들까지 동화되어 저절로 가슴이 뜨거워졌다.

설교가 끝날 때쯤 목사님은 그날의 말씀을 혼자 생각할 수 있는 시간과, 이어 결단할 수 있는 시간을 주었다. 그 시간 동안 바이올리니스트 신지숙 씨가 앞으로 나와 잔잔한 찬송가를 연주했다. 목사님은 이런 시간을 통해 자신의 삶을 계획하고 결단할 수 있도록 유도했는데, 그것이 내게는 너무도 신선한 충격으로 다가왔다. 당시로서는 그런 형태의 예배가 일종의 파격이었다. 나는 영혼의 전율 같은 것을 느꼈다. 이후 강남은평교회 예배에 지속적으로 참석하면서 옥 목사님의 설교는 내게 엄청난 은혜의 시간으로 다가왔다. 더 이상 망설이거나 다른 교회를 기웃거릴 이유가 없었다. 나는 곧바로 강남은평교회 대학부에 등록했고, 차근차근 교인으로서의 입문과정을 밟기 시작했다.

그렇게 교회에 자리를 잡아가고 있는데 나로서는 전혀 예상치 못했던 부탁을 받게 되었다. 나보다 먼저 교회에 출석하고 있던 총신대 선배 한 명이 내게 주일학교 교사를 맡아 달라고 부탁했다. 그 선배는 원래 성도교회 교인이었는데,

강남은평교회를 돕기 위해 잠시 이곳에 있었다고 했다. 하지만 이제는 다시 모교회로 되돌아가야 해서 자신의 공백을 메울 사람이 필요하다는 설명이었다.

나는 순간적으로 망설였다. 출석한 지 얼마 되지도 않았는데 주일학교 교사를 맡는다는 것이 부담스럽게 느껴졌다. 하지만 오산에서부터 내가 해 오던 일이었고, 또 이제는 강남은평교회에 정착하기로 마음을 먹었는데 군이 피할 이유도 없겠다 싶었다. 부탁하는 선배의 입장을 헤아리는 마음도 있었다. 그래서 잠시 망설이다 그렇게 하겠노라고 대답했다. 나는 교회에 출석한 지 얼마 되지도 않아 얼떨결에 주일학교 교사가 되고 말았다.

1981년 7월, 강남은평교회 대학부 수련회가 열렸다. 내가 교회에 출석한 지는 한 달 남짓 되었다. 수련회는 기도원에서 진행되었다. 도심을 벗어난 푸른 자연 속에서 예배와 기도, 찬양을 하다 보니 마음에 평안과 휴식이 찾아왔다. 멀지 않은 숲 속에서 들리는 새소리가 맑고 청량했다.

말씀은 최홍준 전도사가 전했다. 소명을 강조한 최 전도사의 말씀은 내게 큰 도전이 되었다. 그의 메시지를 들으며 나는 가슴이 뜨거워지는 것을 느꼈다. 나는 신학교를 다니고는 있었지만, 그때까지만 해도 반드시 목회자가 되어야겠다는 뚜렷한 소명의식은 없었다. 어떻게 보면 아버지의 영향을 받아 목회의 길을 생각하게 되었고, 얼마간은 그저 막연하게 학교를 졸업하면 목회자가 되겠구나 하고 생각하고 있었던 것이다.

신학교를 다니면서도 이처럼 애매한 입장을 갖고 있었던 것은 당시의 시대 상황이 한몫을 했다. 80년대의 정치와 사회는 한 치 앞을 가늠하기 힘들 정도로 혼란스러웠다. 젊은 이들은 정의에 목말라했지만 왜곡된 현실 앞에서 절망하고 있었다. 가슴속에 주체할 수 없는 열정을 가지고 있었지만 그것을 분출할 통로는 없었다. 모두가 방황하던 시절이었다. 그런 시대 상황 속에서 내가 반드시 목회자의 길을 걸어야 하는지도 스스로 확신할 수 없었다.

그런데 이 수련회에서 내가 비로소 목회자가 되어야겠다는 확신을 얻었다. 그런 확신에 불을 붙여 준 사람은 최홍준 전도사였다. 그의 설교를 들으며 나는 강력한 도전을 받았다. 앞으로 어떤 삶을 살아야 하며 어떤 비전에 헌신해야 하는지 깨닫게 되었다. 방황하던 마음을 접고 마침내 결단할 수 있었다. 나는 목회자로서 나의 영혼을 온전히 하나님 앞에 바치기로 약속했다. 그 결단은 내게 엄청난 감동이었다. 나는 밤늦게까지 강당에 혼자 엎드린 채 눈물 콧물을 쏟아 가며 기도했다. 눈물이 쉼 없이 쏟아져 나왔다. 지난날의 삶이 파노라마처럼 흘러갔고 나의 교만과 잘못을 통성으로 회개했다.

"주님, 이제 저는 당신의 것입니다. 저를 온전히 당신의 도구로 써 주소서!"

그렇게 울고 기도하고 또 울며 하룻밤을 하얗게 지새웠다. 인생의 전환점을 맞이한 수련회였다.

수련회를 마치고 그다음 달인 8월 말쯤, 주일학교를 맡고 있던 전도사님이 나를 불렀다.

"명호 형제, 부탁이 있네."

"네? 무슨 부탁이요?"

"내가 이번 주일에 꼭 다녀와야 할 데가 있는데, 설교를 대신해 줄 사람이 없다네. 명호 형제가 나 대신 설교를 맡아 주면 안 될까?"

"네? 설교요?"

얼마간 망설이기는 했지만, 그저 전도사님이 피치 못할 사정으로 한 주 자리를 비우시는가 보다 생각하고 그렇게 하겠다고 대답했다.

그런데 문제가 있었다. 강단에 서려면 양복이 있어야 하는데 당시 나는 제대로 된 양복 한 벌이 없었다. 내가 갖고 있던 유일한 양복은 검정색 겨울 양복 한 벌뿐이었다. 이전에 학교에서 남성 합창단에 속해 찬양을 한 적이 있는데, 거기서 단복으로 입던 옷이었다.

지금 생각하면 당시의 내가 참 미련하기도 하고 또 순수하기도 했다는 생각이 드는데, 어쨌든 나는 그 무더운 8월 삼복더위에 두툼한 겨울 양복을 입고 설교를 했다. 가만히 있어도 땀이 줄줄 흐르는 한여름에, 두툼한 겨울 양복을 입고 강단에 올라 익숙하지도 않은 설교를 하려니 이건 사우나가 따로 없었다. 등줄기에서 흐른 땀으로 와이셔츠는 흠뻑 젖었고, 바짓가랑이 사이에서도 흥건히 땀이 흘러내렸다. 정말 미련도 그런 미련이 없었다.

미련한 곰처럼 그렇게 혼자 땀을 뻘뻘 흘리며 설교를 하고 있는데, 이상한 것은 최홍준 전도사가 학생들 뒤에 앉아서 내 설교를 듣고 있는 것이었다. 하지만 나는 아무 생각도 못했다. 너무 긴장하고 더웠던 탓에 설교하는 것 외에 다른 데 신경 쓸 여력이 없었다.

나중에야 사건의 전말을 알게 되었다. 그때 내가 설교를 하게 된 것은 일종의 '선을 보는 자리'였다. 나도 모르는 사이에 나는 주일학교 전도사 후임으로 추천이 되었고, 또 전혀 사전 통보도 받지 못한 상태에서 최홍준 전도사의 심사를 거쳤던 것이다. 나를 주일학교 전도사 후임으로 추천한 사람은 다름 아닌 최홍준 전도사였는데, 그 이전 달에 있었던 대학부 수련회가 계기가 되었다. 강당에서 내가 눈물 콧물을 흘

려가며 울다가 기도하다 하던 모습을 최홍준 전도사가 본 것
이다. 내가 기도하던 자리 가까운 곳에 강사 숙소가 있었는
데, 내가 너무 시끄럽게 굴었던 탓에 도무지 잠을 잘 수 없었
던 최 전도사가 밖으로 나와 보았던 모양이었다.

울며불며 기도하는 나를 한참 지켜보던 최 전도사는 내게
흥미를 느끼게 된 모양이었다. 그래서 관심을 갖고 내 '뒷조
사'를 시작했다. 총신대 학생이고, 파이디온선교회에서 어린
이 사역을 하고 있고, 낙도 선교를 다니는 등 나의 이런저런
활동 상황과 주변의 평가를 들어 본 다음에 일부러 설교를
시켰던 것 같다. 어쨌든 나는 그 '선보는 자리'에서 일단 합격
점을 받았다. 설교를 마치고 나니 최 전도사가 다가와 옥 목
사님께서 부르신다고 전했다. 나를 부르시는 이유는 알려 주
지를 않았다.

나는 아무 생각 없이 목양실로 향했다. 당시 목양실은 교회
건물 2층 구석의 작고 허름한 사무실이었다. 나는 조심스럽
게 노크를 한 뒤 문을 열고 들어갔다. 개인적으로 옥 목사님
을 만난 것은 그때가 처음이었기 때문에 나는 상당히 긴장하
고 있었다.

"저, 김명호입니다. 목사님께서 부르셨다고 해서요…."

그런데 목사님은 잠시 나를 바라보더니 다짜고짜 이렇게
말했다.

"너, 전도사 해라!"

"네?"

나는 무척 당황했다. 너무 갑작스러웠던 데다가 전도사가 될 생각이 전혀 없었기 때문이었다. 그때 나는 나중에 목회자의 길을 걷더라도 학교를 다니는 동안은 대학생으로서 자유를 마음껏 누리고 싶었다. 일찌감치 전도사가 되어 나 자신을 구속하고 싶지가 않았다. 나는 더듬거리며 이렇게 대답했다.

"…목사님, 저는요, 좀 더 대학 생활을 누리고 싶습니다. 벌써부터 구속을 받고 싶지는 않습니다. 음… 그리고, 또… 아직은 머리도 짧게 자르고 싶지 않고…, 매주 넥타이 매는 것도 힘듭니다…."

그런데 옥 목사님은 단호하게 내 말을 끊었다.

"담임목사가 하라면 하는 거지 뭐 말이 그렇게 많아?"

"…."

재미있는 것은 당시 옥 목사님의 옷차림은 다른 교회 목사님들에 비하면 대단히 파격적이었다는 사실이다. 지금은 전설처럼 전해져 오는 이야기지만, 그때 옥 목사님은 상당한 장발이었다. '투구머리'(장발인데다 머리가 위로 붕 떠서 마치 투구를 올려놓은 듯 보인다고 해서 붙여진 이름)는 옥 목사님의 트레이드 마크였다. 옥 목사님의 이런 헤어스타일은 '강남 제비 머리'로

도 불렸는데, 그만큼 독특하고 눈길을 끌었다. 머리 모양뿐
만 아니라 목사님은 가끔 청바지 차림으로도 교회에 나왔다.
그만큼 형식에 얽매이지 않는 분이었다. 그런 목사님이 내게
틀에 박힌 전도사로 생각하지 말라고 타일렀을 때 사실 나는
할 말이 없었다. 목사님은 그러면서 머리 안 잘라도 되고, 그
저 아이들만 잘 돌보면 된다고 강조했다. 목사님의 설득에
나는 더 이상 도망갈 구멍이 없었다.

1981년 9월, 나는 그렇게 해서 강남은평교회 전도사가 되
었다. 나름대로 사역이 시작된 것이다. 그런데 당시 교회의
여건은 지금과는 그야말로 하늘과 땅 차이였다. 주일학교를
맡아야 하는데, 그 범위가 초등학교 1학년부터 6학년까지였
다. 초등학생 전체를 대상으로 사역을 해야 했다. 가르쳐야
할 대상의 폭이 넓다 보니 성경공부를 할 때 도대체 몇 학년
에 초점을 맞춰야 할지 도무지 감이 잡히질 않았다. 전체를
대상으로 하자니 내용이 모호해지고, 특정 학년에 초점을 맞
추자니 그보다 저학년은 이해하지 못할 것이고 고학년은 재
미없어할 것이었다. 난감하기 그지없는 일이었다.
　시설도 열악했다. 당시 주일학교가 예배실로 사용하던 상
가 지하의 절반은 여성용 쑥탕이었다. 벽으로 공간이 분리되
어 있기는 했지만 두께가 충분하지 않아 쑥탕의 열기가 고스

란히 예배실로 전달돼 왔다. 덥고 공기는 탁했다. 그런 속에서 아이들과 씨름하려니 절로 한숨이 나왔다.

그런데 문제는 거기서 그치지 않았다. 당시 강남은평교회에는 주일학교 교사가 별로 없었다. 옥 목사님이 대학생은 주일학교 교사로 봉사하지 못하도록 막았기 때문이었다. 옥 목사님은 늘 사람을 세우는 일에 신중하고 엄격했는데, 그때도 마찬가지였다. 옥 목사님은, 대학생은 아직 더 배우고 신앙적으로 성장해야 할 시기라고 보았다. 제대로 준비도 안된 상태에서 봉사만 하다 보면 영적으로 성장하지 못하는 경우가 많다는 것이었다. 그래서 목사님은 대학생들에게 좀 더 배우고 성장한 다음에 봉사하라고 말했다. 봉사보다는 대학부 안에서 성경공부하고 교제하며 준비하는 시간을 충분히 가지는 것이 더욱 중요하다는 지론이었다.

하지만 다른 교회에서는 대학생들이 주일학교 교사를 대부분 감당하고 있었다. 상황이 이렇다 보니 전도사로서 나의 주 사역은 주일학교 교사를 구하기 위해 동분서주하는 것이었다. 아이들을 돌보는 것보다 교사를 구하는 일이 더 시급한 선결 과제였다.

나로서는 불만이 없을 수 없었다. 그래서 나는 이 문제를 꺼내 놓을 기회만 노렸다. 교회에서는 매주 주일 예배가 끝나고 사역자들이 모여 한 주 사역을 정리하는 시간이 있었다. 그때 이 문제를 꺼내 놓았다. 옥 목사님에게 교사가 부족해서 사역하기 힘드니 대학생들의 '교사 금지령'을 풀어 달라고 투정을 부렸다. 하지만 목사님은 단호했다.

"사람들이 준비돼서 확보될 때까지는 어쩔 수 없다. 교사가 없으면 네가 학생들을 다 앉혀 놓고 가르쳐라."

목사님은 요지부동이었다. 절대로 금지령을 풀어 주지 않았다. 할 수 없이 나는 대학부를 졸업한 청년들과 주일학교에 아이를 맡긴 부모님들을 찾아 다니며 '교사 품앗이'를 해 달라고 설득했다. 힘들고 고단한 작업이었다.

하지만 나는 그런 어려움을 겪으면서 깨달은 것이 있었다. '대학생 주일학교 교사 금지령'은 옥 목사님의 일시적이고 즉흥적인 감정에서 나온 것이 아니라는 사실이었다. 그것은 목사님의 소신에서 나온 일종의 목회 원칙이었다.

> "그가 어떤 사람은 사도로, 어떤 사람은 선지자로, 어떤 사람은 복음 전하는 자로, 어떤 사람은 목사와 교사로 삼으셨으니 이는 성도를 온전하게 하여 봉사의 일을 하게 하며 그리스도의 몸을 세우려 하심이라"(엡 4:11-12).

영적 지도자의 일이란 성도를 온전케 하는 일이며 준비시키는 일이다. 성도를 온전케 하며 준비시키려면 리더가 먼저 온전케 되고 준비되어야 한다. 자신의 앞가림도 제대로 하지 못하는 사람이 어떻게 다른 사람을 이끌고 인도할 수 있겠는 가? 이는 맹인이 맹인을 인도하는 격이다. 둘 다 구덩이에 빠지기 십상이다. 그래서 목사님은 먼저 자신이 준비된 다음에 봉사하라고 하셨던 것이다. 사실 준비도 안 된 사람에게 직분을 주는 것은 교회를 해치는 일이다. 당사자도 시험에 빠지고 다른 사람도 시험에 빠진다. 교회를 위태롭게 만드는 일이다. 목사님은 그런 맥락에서 준비 안 된 사람들에게 일을 주는 것을 단호하게 막은 것이다.

나는 거기서 옥 목사님의 목회 철학을 배울 수 있었다. 옥 목사님에게 있어서 중요한 것은 프로그램이나 사역이 아니었다. 항상 중요한 것은 '사람'이었다. 오랜 세월 옥 목사님과 동역하면서 분명하게 확인했지만, 옥 목사님은 어떤 사역도 사람이 먼저 준비되지 않으면 결코 시작하지 않았다. 아무리 마음이 급해도 시간을 갖고 기다렸다가 적절한 사람이 준비되면 비로소 사역을 시작했다. 적당한 사람이 없으면 사람을 키웠다. 외부에서 해당 분야의 전문가를 데려다가 쓰면 가장 손쉬웠겠지만, 목사님은 절대 외부에서 사람을 데려오지 않았다. 내부의 사람을 키우고 그 사람이 클 때까지 기다려 주었다.

그런 목사님의 사역 방식을 옆에서 지켜보면서 나는 사람을 키우는 일이 얼마나 중요한지를 피부로 절감했다. 사역의 핵심은 늘 사람이었다. 준비된 사람 없이 이루어질 수 있는 일은 아무것도 없었다. 제자훈련도 따지고 보면 결국 사람을 준비시키는 일이었다. 사람이 준비되었을 때 사역이 돌아간다. 사람이 준비되지 않으면 사역이 실패하는 것은 물론이고 사람도 잃게 된다. 그렇게 나는 사역의 주요 원리들을 깨달아 가면서 옥 목사님과 동역하기 시작했다.

"합신을
포기하라니요!"

교회는 사람들을 그리스도께 이끌어 작은 그리스도를 만들기
위해 존재한다. 이 일을 하지 않으면 건물, 교역자, 설교, 선교,
심지어 성경까지도 시간 낭비에 지나지 않을 것이다.

– C. S. 루이스

48

대한민국 남자라면 결코 피해 갈 수 없는 길. 그렇다, 군대다. 나 역시 군 입대를 해야 했다. 1983년 10월경 강남은평교회 주일학교 전도사로 사역한 지 2년 정도 된 시점이었다. 그런데 나는 군대에 가는 과정이 순탄치 못했다. 뜻밖에도, 대한예수교장로회의 교단 분열이 나의 군 입대에 걸림돌이 된 것이다.

나는 총신대 군종장교 후보생이었다. 내가 군목을 지원한 것은 아버지 때문이었다. 아버지가 애정을 쏟아부었던 군 사역에 나도 모르게 애착이 갔다. 아버지를 무척 존경했던 나로서는 아버지가 걸었던 길을 뒤좇는다는 것이 큰 의미로 다가왔다. 아버지는 엄격하셨지만 따뜻했고, 강직했지만 포용력이 넓은 분이셨다. 어린 시절 그런 아버지는 나의 롤모델이었다. 어찌 보면 내가 군목을 지원한 것은 너무도 자연스러운 일이었다. 대학교 1학년 때 나는 군종장교 시험을 치렀고 다행히 합격이 되었다. 본과 4년과 신학대학원 3년 과정을 마친 뒤 목사 안수를 받고 군종장교로 임관하면 되었다.

그런데 생각지도 못한 변수가 생겼다. 교단이 분열한 것이다. 당시 예장합동 측의 이영수 목사는 막강한 정치력을 배경으로 교단을 독단적으로 이끌었다. 이영수 목사의 전횡으로 교권정치에 신물이 난 총회신학교 교수들이 박윤선 목사를 모시고 1981년 가을 합동신학교를 개교했고 이로 인해 합동개혁(지금의 예장합신)이라는 교단이 탄생했다. 옥한흠 목사님 역시 이들의 입장에 동조하여 합동개혁 측에 몸을 담았고 합동신학교에서 강의를 했다.

비극적인 교단 분열 사태 앞에서 나 역시 선택을 해야 했다. 나는 학교를 다니면서 파이디온선교회에서 활동하고 있었는데, 선교회 선배 대부분은 교단이 분열되자 합신으로 옮겨 갔다. 옥 목사님도 교단을 옮겼고 아버지도 합신으로 교단을 옮겼다. 그야말로 '대세'는 합신이었다. 아버지와 옥 목사님이 합신으로 옮긴 상황에서, 내가 할 수 있는 선택은 뻔한 것이었다. 나는 총신대를 졸업하면서 총신대학원이 아닌 합동신학교로 진학했다.

합동신학교에 진학하면서 교단이 바뀌다 보니 군종장교 후보생의 신분이 문제가 되었다. 군종장교 시험은 총신대에서 치렀는데 학교가 달라져 버렸으니 무효가 되어 버렸다. 하지만 어쩔 수 없는 일이었다. 군종장교가 될 수 없다는 사실이 못내 속 쓰렸지만 이미 엎질러진 물이었다. 나는 할 수 없이 당시 군종감을 맡고 있던 오석용 목사를 찾아갔다.

"목사님, 제가 교단을 옮겼습니다. 군종장교 후보에서 제외시켜 주십시오. 그리고 사병으로 복무할 수 있게 해 주십시오."

1983년 10월 나는 결국 군 입대를 했다. 내가 원했던 군종장교가 아니라 일반 사병이었다. 강원도 철원의 3사단 신병훈련소에서 훈련을 받고 백골부대로 배치를 받았다. 그곳에서 2년 동안 나는 사병으로 복무했다.

참으로 얄궂은 운명의 장난이라고나 할까? 철원에서 군 생활을 하고 있는 동안 또 다른 교단 문제가 불거졌다. 이번에는 합동개혁 측 내부의 문제였다. 합동개혁 측이 합동 측으로부터 분리돼 나오면서 신학교의 이름을 '합동신학교'라고 붙인 것은 비록 여러 가지 어려움으로 인해 교단이 갈라졌지만 결국에는 다시 합동을 해야 한다는 정신을 담은 것이었다. 이런 정신을 바탕으로 합동개혁 측은 합동 측에서 갈라져 나온 보수(청담) 측과 교단 통합을 추진했다. 이 작업에 옥 목사님이 앞장을 섰다.

많은 분들의 뜻과 노력의 결과로 두 교단은 마침내 합치기로 하고 통합 총회까지 치렀다. 그런데 갑자기 교단의 최고 원로였던 박윤선 목사님이 이를 반대하고 나섰다. 당신은 절대로 찬성할 수 없다는 것이었다. 교단 최고 원로의 강력한 반대로 두 교단의 통합은 결국 무산되었다. 이 일로 교단 통합에 앞장섰던 옥 목사님이 받은 정신적, 육체적 타격은 엄청났다.

옥 목사님은 합동신학교에 대단한 애정을 갖고 있었다. 1982년 교회에 초대 장로 9명이 세워졌을 때 그분들이 낸 감사헌금을 모두 수원에 합동신학교의 신축건물을 짓는 건축헌금으로 낼 만큼 깊은 애정을 보였다. 하지만 교단 통합 논의를 진행하면서 받은 마음의 상처는 너무도 깊었다. 쉽게 회복될 수 있는 상처가 아니었다. 교단 합동 운동이 실패하자 실망한 옥 목사님은 결국 합동 측으로 되돌아갔다.

그 복잡하고 어려운 상황의 뒷이야기를 내가 다 알 수는 없는 노릇이었다. 하지만 나로서는 입장이 제대로 꼬여 버렸다. 군대에 가 있는 동안 사랑의교회는 합동 측으로 되돌아가 버렸고 내가 제대를 해서 교회로 복귀하면 나는 합동 측 교회에서 일하면서 학교는 합동신학교를 다녀야 하는 괴상한 상황이 발생하는 것이다. 이것은 단순히 학교만의 문제가 아니었다. 학교를 졸업하면 목사 안수도 받아야 하는데, 나는 도대체 어디서 목사 안수를 받아야 하나? 합동신학교를 졸업하면 그 교단에서 안수를 받아야 하는데 그럼 합동 측 교회인 사랑의교회에서 어떻게 사역을 한단 말인가? 황당하기 그지없는 일이었다.

나는 제대를 앞두고 마지막 휴가를 얻어 교회를 찾아갔다. 옥 목사님을 만났다. 목사님의 조언을 듣고 싶었다.

"목사님, 어떻게 하면 좋을까요?"

목사님은 곤혹스러운 표정이었다. 한참 동안 고민하던 목사님은 이렇게 대답했다.

"명호야, 너는 합동신학교에서 아직 1년밖에 공부를 안 했으니 다시 총신대학원으로 가는 것이 좋겠다."

나는 딱히 뭐라 할 말이 없었다. 쉽게 대답할 수 있는 문제가 아니었다. 우물우물거리며 대답을 못하던 나는 기도하면서 고민해 보겠다는 말씀만 드리고 군대로 복귀했다. 하지만 목사님의 대답이 한편으로는 못내 서운했다. 내가 합신으로 교단을 옮긴 데에는 당연히 목사님의 영향이 컸다. 개인적으로는 교단을 옮기는 바람에 군종장교까지 포기해야 했다. 그런데 이제 와서 다시 총신대로 옮기라는 목사님의 말씀은 다소 무책임하게 느껴졌다. 나는 우울한 심정으로 목사님께 편지를 썼다.

"목사님, 제가 여러 가지 불이익을 감수하면서도 애정을 갖고 합신을 선택한 것을 목사님도 아시고, 그렇게 결정하게 된 배경에 옥 목사님의 영향이 가장 컸다는 것도 아십니다. 그런데 이제 와서 합신을 포기하라는 것은 제게 너무도 어려운 결정입니다. 이제 와서 학교를 포기할 수는 없습니다. 대신 제가 사랑의교회로 돌아가는 것을 포기하겠습니다."

그때 내가 쓴 편지의 내용은 대충 이런 식이었다.

그렇게 편지를 보내 놓고 나는 정말로 우울하고 심란한 제대 말년을 보내고 있었다. '구르는 낙엽도 피해 간다'는 제대 말년, 나는 한없이 침울했다. 아무것도 하고 싶은 의욕이 일지를 않아 막사의 침상을 뒹굴며 시간만 죽이고 있었다. 시간은 연말을 향해 느릿느릿 흘러갔다. 해가 바뀌면 좋든 싫든 제대를 해야 했다. 하지만 나는 사랑의교회로 돌아갈 수 없다는 사실이 서글프고 고통스러웠다. 어쩌다 상황이 이렇게 되었는지 심란하기만 했다. 연말의 들뜬 분위기는 나와는 아무런 상관없는 먼 세상의 일처럼 느껴졌다.

그런데 그때 사랑의교회 강명옥 전도사가 보낸 성탄 카드가 날아왔다. 반가웠다. 강 전도사는 카드 안에 크리스마스 인사와 함께 단정한 필체로 이렇게 적어 놓았다.

'명호 전도사님, 옥 목사님이 전도사님을 찾으세요. 전도사님이랑 할 일이 있다고 하시네요. 그러니 사랑의교회로 복귀하세요.'

마음이 더욱 심란하고 복잡해졌다. 학교를 옮기는 일도 쉬운 일이 아니었지만 교회를 옮기는 일 역시 쉬운 일이 아니었다. 착잡한 심정으로 나는 강 전도사의 카드를 읽고 또 읽었다. 어찌해야 좋을지 갈피를 잡을 수 없었다. 목사님께는 교회를 떠나겠다고 편지를 썼는데, 강 전도사의 카드를 받고는 마음이 흔들렸다. 강 전도사의 카드 너머로 목사님의 목소리가 들리는 것 같았다. 그 목소리는 나를 잃고 싶지 않다는 목사님의 간절한 부름이었다. 나는 그 목소리를 결코 외면할 수 없었다.

내 마음속을 들여다보았다. 거기서 해답을 찾아야 했다. 나는 내가 사랑의교회를 사랑하고 있음을 발견했다. 나는 목사님을 존경하고 있었다. 그리고 그 마음을 버릴 수가 없었다. 결국 군대를 제대한 나는 사랑의교회로 복귀했다. 그렇게 시작한 것이 국제제자훈련원의 전신인 세미나실 사역이었다.

작품명
'칼 세미나'

제자훈련을 오랫동안 해오면서 좋은 영향력은 아주 평범한 데
서 나온다는 사실을 끊임없이 경험했다. 나의 거룩함이나, 목
회자의 영적 권위나, 나의 학문적 지식이나 학위를 앞세울 필
요는 없었다. 다만 필요한 것은 한 영혼을 무척이나 사랑하시
는 주님의 마음이었다. 함께 은혜 받고자 하는 갈증을 갖고 낮
은 자리에 내려 앉아 마음만 비우면, 성령께서 언제나 적절하
게 도우셨다.

– '옥한흠 목사와 데이브 도슨 선교사, 제자훈련 고수들의 만남' 중에서

(「디사이플」 2010년 5월호)

흔히 '칼(CAL) 세미나'라고 불리는 국제제자훈련원의 세미나는 정식 명칭이 'Called to Awaken the Laity Discipleship Training Leaders Seminar'이다. 즉, '평신도를 깨운다 제자훈련 지도자 세미나'라는 말이다. 말이 길다 보니 Called to Awaken the Laity의 머리글자를 따 '칼 세미나'로 부르게 되었다. 옥 목사님의 사역에서 이 '평신도를 깨운다'는 것은 목회의 출발점이자 궁극적인 종착점이었다. 평신도를 깨운다는 것은 자신의 정체성을 깨닫지 못해 잠들어 있는 평신도들에게 그들의 '진정한 정체성'을 일깨워 주는 일인 동시에 그러한 깨달음을 통해 예수님의 참다운 제자로서, 또 다른 사역자의 삶을 살아가도록 돕는 일이기도 했다.

이러한 옥 목사님의 목회 철학은 그의 책 『평신도를 깨운다』에 상세하게 설명되어 있다. 옥 목사님의 대표 저서 가운데 하나인 『평신도를 깨운다』는 1984년 지금의 사랑의교회를 건축하는 복잡한 과정 속에서 출간되었다. 대부분의 교회가 마찬가지지만, 교회가 일단 건축을 시작하게 되면 목회자는 그야말로 정신 없이 바빠진다. 건물의 설계와 시공 과정을 일일이 좇아 다녀야 하는 것은 물론이고, 가장 골치 아픈 건축 자금의 조달 문제뿐만 아니라 구청과의 여러 가지 법적 절차 등 신경을 써야 할 문제가 한두 가지가 아니다. 거기에 설교와 심방 같은 기본적인 사역들도 소홀히 할 수 없으니 몸이 열 개라도 부족할 지경이다.

그런데 옥 목사님은 그 바쁜 일정 속에서도 『평신도를 깨운다』를 썼다. 이 책은 국제제자훈련원 사역의 핵심인 제자훈련의 신학적 근거를 밝히는 책이다. 그러니 그 중요성은 구구절절 설명이 필요치 않을 것이다. 『평신도를 깨운다』는 처음에 두란노서원에서 출판되었는데, 책이 나오자마자 베스트셀러가 되었다. 당시 한국 교회 목회자들이 이 책에 주목했던 것은 사실 제자훈련 그 자체에 관심이 있었다기보다는 사랑의교회가 보여 준 놀라운 성장 속도 때문이었다. 사랑의교회가 제자훈련을 통해 급속하게 성장했다고 하는데, "도대체 그 제자훈련이란 게 뭐냐?" 하는 호기심이었다.

책이 출간되고 나서 제자훈련에 관한 문의 전화가 빗발쳤다. 책을 읽고 대충 제자훈련이 어떤 것이라는 것은 짐작하겠는데 실제적으로 제자훈련이 어떻게 이루어지는지를 보고 싶다는 것이었다. 그러면서 직접 교회로 찾아오겠다는 사람들도 많았다. 하루 이틀도 아니고 계속해서 쏟아지는 이런 문의 전화에 일일이 대응한다는 것이 보통 일이 아니었다. 이런 요구에 일일이 대응하다가는 다른 일은 아무것도 할 수 없을 지경이었다.

옥 목사님도 이런 반응에 큰 자극을 받았다. 한국 교회가 제자훈련에 얼마만큼 갈급한지를 피부로 느낄 수 있었기 때문이었다. 옥 목사님은 결국 세미나를 열어야겠다는 결론에 도달했다. 한국 교회에 제자훈련의 신학적 근거와 목회 철학, 그리고 실제를 상세히 설명하고 보여 줄 필요성을 절감했던 것이다. 그리고 그런 작업을 하는 데는 세미나가 가장 효율적인 방식이었다.

하지만 이 일을 진행하기 위해서는 사람이 필요했다. 행정적이고 실무적인 차원에서 세미나를 준비하고 진행시켜 나갈 사람이 반드시 있어야 했다. 그때 목사님의 머릿속에 떠오른 사람이 바로 나였다. 강명옥 전도사가 나에게 크리스마스 카드를 보내게 된 데에는 이런 배경이 깔려 있었다.

1986년 초 군대를 제대하자마자 사랑의교회로 복귀한 나는 곧바로 세미나 준비에 매달렸다. 당시만 해도 PC가 많이 보급되어 있지 않았기 때문에 모든 준비는 수작업으로 이루어졌다. 나는 세미나의 모든 일정과 준비사항을 커다란 전지에 차트로 그려 사무실 벽에 붙여 놓았다. 그리고 일일이 진행상황과 준비물 등을 차트에 체크해 가며 세미나를 준비했

“

제자훈련의 현장은
참석자들의 선입견을 무너뜨리고
기존의 고정관념을 일순간에 뛰어넘는
충격으로 다가왔다.
그것이 칼 세미나가 30년 가까운 시간 동안
지속될 수 있는 '진정한 힘'이 되었다.
”

다. 교재부터 장소 마련, 각종 준비물, 숙소 등 할 일이 한두 가지가 아니었다. 제대로 잠도 못 자며 정신 없이 준비한 끝에 마침내 그 해 3월 첫 '칼 세미나'가 개최되었다. 감격적인 순간이었다.

하지만 당시 옥 목사님을 비롯해 첫 세미나를 준비했던 부교역자들은 이 세미나가 어떤 방향으로 나아갈지 미래를 전혀 예측할 수 없었다. 심지어는 세미나가 얼마나 지속될 것인지조차도 짐작할 수 없었다. 옥 목사님은 세미나를 준비하면서도 지원자가 없으면 언제든지 문 닫자고 말했을 정도였다. 세미나에 대한 사람들의 관심도 어느 정도 시간이 지나면 곧 시들해질 것이라는 반응도 있었다. 그만큼 내부적으로는 큰 기대를 걸지 않은 상태였다. 옥 목사님과 가깝게 지냈던 소위 '사인방' 목사님 가운데 한 분도 그저 덕담처럼 "이거 한 10년은 가겠구먼"이라고 말할 정도였다. 하지만 모두가 틀렸다. 이후 칼 세미나는 30년 가까운 시간 동안 폭발적인 관심 속에서 꾸준히 진행되었다.

칼 세미나의 주된 목적은 『평신도를 깨운다』를 읽고 제자훈련의 현장을 직접 보고 싶어하는 사람들에게 그 현장을 보여 주는 것이었다. 그래서 현장을 보여 주어야 한다는 것이 큰 부담으로 다가왔다. 또 세미나가 어느 정도 진행된 후에는 핵심적인 강의만 옥 목사님이 맡고, 다른 부분들은 부교역자들이 나눠서 했지만, 세미나 초기에는 모든 강의를 옥 목사님이 혼자서 다 맡았다. 월요일 저녁부터 거의 일주일 내내 쉬지 않고 강의를 했으니 옥 목사님이 얼마나 힘들었을지는 쉽게 상상이 갈 것이다.

칼 세미나에서는 강의뿐만 아니라 사랑의교회에서 이루어지는 실제적인 제자훈련의 과정을 고스란히 다 보여 주었다. 제자훈련을 마친 사람들이 소그룹 리더로 활동하는 모습도 보여 주고, 순장반도 보여 주고, 세미나에 참석한 사람들이 직접 다락방 소그룹에 참여해 소그룹을 직접 인도해 볼 수 있는 기회도 주었다. 이러한 과정을 통해 칼 세미나는 제자훈련에 관한 신학적 이론과 그 방법론, 그리고 제자훈련의 현장까지 모두 보여 주는, 그야말로 이론과 현장이 입체적으로 어우러진 세미나가 되었다. 한국 교회에는 지금도 무수히 많은 세미나가 있지만 칼 세미나처럼 복합적이고 입체적인 세미나는 그리 많지 않다. 또 근 30년 가까운 세월 동안 지속되고, 그때마다 참가자들이 줄을 서는 세미나 역시 찾아보기 힘들다.

1986년 3월 마침내 열린 첫 칼 세미나에는 총 80명이 참석했다. 세미나는 일주일간 이어졌고 참가자들은 전국 각지에서 모여들었기 때문에 숙소가 중요했다. 숙소는 지금의 역삼동 충현교회 바로 앞에 위치했던 반도유스호스텔로 정했다.

시설이 썩 좋은 편은 아니었지만 교회 인근에 80명을 한꺼번에 수용할 수 있는 숙박시설은 그곳밖에 없었다. 세미나 장소는 교회였기 때문에 두 대의 버스를 빌려 참석자들을 숙소와 세미나장으로 실어 날랐다.

세미나는 아침 8시부터 저녁 9시까지 계속됐다. 식사 시간이 있다고는 해도 정말 무리한 일정이었다. 하루 10시간 가까이 강의와 실습, 훈련이 이어지는 그야말로 '울트라 하드 트레이닝'이었다. 하지만 당시는 누구도 힘들어하거나 불평하지 않았다. 오히려 열기로 뜨거웠다. 옥 목사님도 젊고 건강했기 때문에 모든 강의를 다 맡아서 소화하는 데 큰 무리가 없었다. 옥 목사님은 강의 하나 하나에 놀라운 집중력을 발휘했고 우리는 세미나의 진행에 심혈을 기울였다.

세미나 첫날인 월요일 저녁 강의는 '광인론'으로 시작되었다. 옥 목사님의 개인적인 경험을 바탕으로 제자훈련의 비전을 함께 나누는 이 시간은 시작부터 분위기가 한껏 달아오른다. 강의 제목처럼 제자훈련에 '미쳐야 한다'고 강조하는 옥 목사님의 강의는 세미나 참석자들을 뜨거운 열기로 사로잡는 힘이 있었다. 이어 화요일에는 '교회론' 강의가 오전 내내 지속되었다. 교회의 진정한 주체가 누구냐 하는 문제를 다루는 교회론은 제자훈련의 신학적 기반이기도 하고 다소 논란이 있을 수도 있는 내용이어서 옥 목사님과 참석자 간에 격론이 오고 가기도 했다. 이날 오후에는 순장반 현장을 보여 주고 소그룹에 대한 이론적 강의가 이어진다. 또 수요일에는 제자훈련반 현장과 예배, 목요일에는 제자도 강의와 제자훈련에 대한 실제적인 체험, 금요일에는 평신도 지도자가 이끄는 다락방을 참관하고, 다락방에서 직접 소그룹을 인도해 볼 수 있는 프로그램으로 전체적인 세미나가 진행되었다. 특히 수요일 저녁에는 옥 목사님과 뜻을 같이해 온 홍정길, 이동원, 하용조 목사님이 설교로 지원 사역을 해 주기도 하셨다.

세미나 현장에서 옥 목사님의 메시지는 대단히 논리적이면서도 예리했다. 단순한 교회 성장이 아닌 교회의 본질을 파고드는 내용이었다. 특히 교회론 강의가 그랬는데, 옥 목사님이 이야기하는 교회론의 본질에 마음으로부터 동의가 되지 않는 참석자들은 이 시간을 상당히 힘들어했다. 옥 목사님의 교회론을 극히 간략하게 축약하면 대충 이런 내용이다.

"사실 성경 안에는 성직자와 평신도라는 계급적 구분이 없다. 다만 서로 맡은 역할이 다를 수는 있지만 이 둘은 모두 동일한 그리스도의 몸이다. 하지만 세상에 나가 세상과 직접 대면하고 세상 속에서 그리스도의 복음을 실천하는 사람들은 평신도들이기 때문에 교회의 주체 역시 이들 평신도가 되어야 한다. 그리고 교회의 주체인 평신도의 정체성을 일깨우고 확립시키는 것이야말로 제자훈련의 본질이다."

이런 옥 목사님의 주장은 받아들이기에 따라서는 대단히 '급진적'으로 느껴질 수도 있었다. 지금은 이런 평신도에 대한 이해가 폭넓게 확산되었지만 당시로서는 충격적이고 혁명적으로 받아들일 만한 내용이었다. 강한 반발이 충분히 예상되었다. 하지만 옥 목사님은 이런 신학적 이해가 세워지지 않으면 제자훈련이 지속되기 힘들다고 보았고 그래서 얼마간의 반발이 있더라도 이 같은 교회론을 다루는 데 상당히 오랜 시간과 노력을 기울였다.

　물론 옥 목사님의 주장을 받아들이기 힘들어 하는 참석자도 여럿 있었다. 이들은, 그렇지 않아도 목회하기 힘든 현실인데 그렇게 평신도의 위치를 높여 놓으면 도대체 어떻게 그들을 이끌고 목회하라는 소리냐며 세미나실 문을 박차고 나가기도 했다.

　하지만 옥 목사님의 교회론에 부담감을 가졌던 참석자들도 제자훈련의 현장을 보고는 대단한 충격을 받았다. 평신도 사역자들의 진지한 훈련 모습과 평신도가 평신도를 가르치는 현장의 열기, 성경공부의 깊이를 직접 목격하자 생각이 완전히 바뀌었다. '평신도가 하면 얼마나 하겠느냐'는 의구심은 소그룹 현장에서 모조리 깨어졌다. 이렇게 이론이 아니라 실제 목회의 현장을 제시하는 시간이 칼 세미나의 하이라이트였다. 제자훈련의 현장은 참석자들의 선입견을 무너뜨리고 기존의 고정관념을 일순간에 뛰어넘는 충격으로 다가왔다. 그것이 칼 세미나가 30년 가까운 시간 동안 지속될 수 있는 '진정한 힘'이 되었다.

지금도 그때의 기억이 생생하지만 첫 번째 세미나는 정말 은혜로웠다. 옥 목사님의 강의와 평신도들이 뛰는 다락방 현장이 제대로 맞아 떨어졌고, 또 식사와 간식 등, 보이지 않는 곳에서 세미나를 섬겼던 봉사자들의 헌신적인 노력도 감동적이었다. 당시 세미나를 책임졌던 김차술 장로는 저녁 늦은 시간까지 세미나 참가자들의 숙소를 일일이 찾아다니며 석간신문을 넣어 주면서 불편한 것이 없는지 물어보며 세심하게 신경을 썼다.

그런 가운데서도 어려운 점이 한두 가지가 아니었다. 오전 7시부터 아침식사를 해야 하는데, 80명이 함께 식사할 수 있는 장소를 섭외한다는 것 자체가 엄청난 미션이었다. 점심과 저녁은 교회에서 대접을 했는데, 다양한 은사를 가진 평신도 지도자들이 자발적으로 참여해 세미나 자체를 하나의 교회 축제로 승화시켰다. 봉사자들은 세미나를 통해 한국 교회를 섬길 수 있는 소중한 기회를 부여 받았다고 생각하고 최선을 다했다.

이런 봉사자들의 마음은 세미나 참석자들에게 그대로 전달되었다. 무척이나 빡빡한 일정 속에서도 식사와 간식, 그리고 봉사자들의 섬김에서 참석자들은 풍요로움을 느꼈다.

세미나가 끝나고 참석자들로부터 설문지를 받았다. 다음 세미나에 반영하기 위해서였다. 설문지에는 어떤 강의에 은혜를 받았는지, 세미나가 실제적인 도움이 됐는지, 지역 교회에 돌아간다면 실제로 적용할 생각이 있는지, 제자훈련을 한다면 가장 문제가 될 수 있는 요소는 무엇인지 등과 같은 질문이 담겼다.

설문지에 나타난 참석자들의 반응은 대부분 비슷했다. 옥 목사님의 '광인론'과 '교회론'에 엄청난 도전을 받았고, 다락방 현장에서 가장 큰 충격을 받았다는 내용이었다. 또 지역 교회로 돌아가서 제자훈련을 실시한다면 가장 큰 문제로 대두될 수 있는 요소가 바로 '목회자인 자기 자신'이라는 대답이 가장 많았다. 제자훈련을 실시해야 할 목회자 자신이 스스로 준비가 제대로 되어 있지 않다는 점을 가장 큰 문제로 지적했던 것이다.

이런 여러 가지 소감과 지적사항들을 검토해 세미나가 끝난 지 얼마 안 되어 워크숍을 마련했다. 세미나 참석자들이 제자훈련 소그룹에 직접 들어와 현장을 체험하고 직접 소그룹을 인도해 보고 평가도 받을 수 있는 기회를 제공하기 위해서였다. 세미나를 통해 들은 이론을 직접 내 것으로 만들 수 있는 일종의 '팔로우업'(follow-up) 시간이었다. 이 워크숍은 '제자훈련 체험학교'라고 이름이 지어졌다.

세컨드
바이올린의 길

하나님께 가장 중요한 일은 온 세상에 감화를 미칠 중심지로서 사랑의 교제가 이루어지는 곳을 만드는 것이다. 이 세상이 이런 식으로 구속함을 받을 수 있을지 나는 모른다. 그러나 적어도 이것 외에 다른 길이 없다는 점만은 분명하다.

– 엘튼 트루블러드

칼 세미나를 마치면 옥 목사님은 한두 주 사이에 '피드백 모임'을 가졌다. 세미나 진행에 관여했던 모든 부교역자들이 한자리에 모여 해당 세미나의 전체적인 내용과 참석자들의 반응, 내부적인 평가 등 의견을 교환하기 위한 자리였다. 이 모임은 교회에서 이루어지기도 했지만 때로는 수련회 형식으로 이루어지기도 했다.

1987년 세 번째 칼 세미나를 마치고 전체 교역자가 설악산에서 수련회 형식으로 피드백 모임을 가졌다. 이 자리에서는 이미 진행된 세미나에 대한 평가뿐만 아니라 향후 진행될 세미나의 방향에 대해서도 다양한 의견들이 개진되었다.

마라톤 회의가 진행되다 잠시 쉬고 있을 때 옥 목사님이 나를 불러 뜻밖의 이야기를 하셨다.

"김 전도사, 김 전도사는 아버님이 목회하시는 모습을 보면서 한국의 전통적인 교회가 갖고 있는 아픔과 어려움을 지켜봤지? 그리고 사랑의교회에 와서는 그와는 전혀 다른 모습의 제자훈련 사역을 지켜보면서 성장했어. 그래서 내가 김 전도사에게 제안하고 싶은 것이 있어. 김 전도사가 나중에 목사 안수를 받고 교회를 개척해 지역 교회의 담임 목사가 되는 것도 좋겠지만, 전통적인 교회와 제자훈련 교회 양쪽을 모두 알고 있는 목회자로서 이 분야의 전문 사역자가 돼 보는 것은 어떨까?"

옥 목사님은 내게 전혀 새로운 비전, 새로운 가능성을 제안하고 계셨다. 하지만 나는 그 말씀을 듣기 전까지는 한번도 '전문 사역자'에 대해서 생각해 본 적이 없었다. 생소한 영역이었다. 목사님의 도전이 내게는 너무 의외의 제안이었다. 나는 뭐라고 선뜻 대답할 수 없었다. 가만히 침묵을 지키고 있는 나를 목사님은 지긋이 응시했다.

"생각할 시간을 좀 주세요."

대화는 그렇게 일단락되었다.

회의를 마치고 오후에는 모두가 등산을 하기로 했다. 설악산까지 와서 설악산의 아름다운 풍광을 보지 않는다는 것은 설악산에 대한 모독일 것이다. 청량한 공기와 깊은 숲 속의 나무들이 뿜어내는 싱그러움은 서울의 매연에 찌들어 있던 우리에게 새로운 활력을 제공해 주었다. 우리는 케이블카를 타고 권금성을 오르는 코스를 선택했다. 오랜만에 맛보는 여유였다.

이름 모를 산새들이 노래하는 산길을 한적하게 오르고 있는데 오전에 목사님이 제안 하셨던 내용이 계속 머릿속을 맴돌았다. '제자훈련하는 목회자들을 돕는 전문 사역자가 돼 보는 것은 어떻겠니?' 고민스러운 질문이었다. 그 길을 택하면 단독 목회의 꿈은 접어야 했다. 하지만 전문 목회자로서 한국 교회를 섬기는 것 역시 의미 있는 일이었다. 쉽게 선택할 수 있는 문제가 아니었다. 그렇게 마음속으로 갈팡질팡하고 있는데 갑자기 번쩍하며 '혹시 이것이 하나님의 인도하심은 아닐까' 하는 생각이 스쳐갔다.

단독 목회는 사실 모든 목회자 지망생들의 궁극적인 목표이자 꿈이었다. 힘들고 어렵지만 내 힘으로 교회를 개척하고 내 양들을 먹이고 키워 성장시키는 일은 힘든 만큼 성취감도 큰 일이었다. 시간의 차이는 있겠지만, 10~20년 후쯤이면 나의 동기들은 모두 자신의 양들을 먹이느라 바쁜 시간을 보내고 있을 것이었다.

하지만 하나님은 우리를 모두 단독 목회로 부르신 것은 아닐 것이다. 오케스트라에서 모두가 퍼스트 바이올린만 연주할 수는 없는 노릇이었다. 퍼스트 바이올린이 있으면 그를 돕고 보조하며 호흡을 맞춰 줄 수 있는 세컨드 바이올린도 필요했다.

미국의 유명한 지휘자 레너드 번스타인(Bernstein, Leonard)이

하지만 하나님은 우리를 모두 단독 목회로 부르신 것
은 아닐 것이다. 오케스트라에서 모두가 퍼스트 바이
올린만 연주할 수는 없는 노릇이었다.
퍼스트 바이올린이 있으면 그를 돕고 보조하며 호흡
을 맞춰 줄 수 있는 세컨드 바이올린도 필요했다.

이런 질문을 받은 적이 있다고 한다. "오케스트라를 지휘할 때 가장 까다로운 악기가 어떤 것입니까?" 이 질문에 번스타인은 "세컨드 바이올린"이라고 대답하고 그 이유를 이렇게 설명했다고 한다.

"퍼스트 바이올린을 잘 연주하는 사람은 많습니다. 하지만 퍼스트 바이올린과 똑같은 열정과 관심을 가지고 세컨드 바이올린을 연주하는 사람은 매우 드뭅니다. 만약 아무도 세컨드 연주자가 되기를 원치 않아 퍼스트 연주자의 음에 화음을 입혀 주지 못한다면, 제 아무리 훌륭한 작곡자나 지휘자가 나온다 한들 아름다운 음악을 만들어 내기란 불가능할 것입니다."

번스타인의 이 이야기는 최근 몇 년 동안 집중적인 조명을 받고 있는 '세컨드 리더십' 혹은 '팔로워십'(followership)을 이야기하는 것이다. 물론 당시 내가 이런 개념을 생각했던 것은 아니지만, 나는 '헬퍼', 즉 조력자가 되는 것도 충분히 의미 있는 일일 것이라는 생각이 들었다. 내가 제자훈련 사역을 담당하는 전문 목회자가 된다면 한국 교회의 수많은 목회자들이 자신들의 목회 현장에 제자훈련을 도입하고 정착시켜 갈 수 있도록 돕는 헬퍼가 될 수 있었다.

그뿐만이 아니었다. 내가 전문 목회자가 되면 옥한흠 목사님을 돕는 헬퍼가 될 수 있었다. 목사님 혼자서는 세미나 사역을 진행시켜 나갈 수가 없었다. 세미나의 전체적인 진행과 각종 실무 작업들, 그리고 행정적인 문제들을 전반적으로 관리하고 처리할 수 있는 전문 사역자가 반드시 필요했다. 내가 그 역할을 맡는 것도 그다지 나쁘지 않을 것 같았다. 더욱이 그렇게 된다면 나는 오랜 세월을 목사님과 동역할 수 있다. 목사님 곁에서 목사님의 목회 철학이 구체적인 사역의 형태로 구현되고 확산될 수 있도록 돕는 것은 정말 의미 있는 일이었다. 나는 그 일을 하면서 어쩌면 목사님과 함께 늙어 갈 수 있을지도 몰랐다. 그런 생각은 가슴을 설레게 했다.

마지막으로 전문 사역자가 된다면 그대로 한 분야의 전문가가 될 수 있었다. 제자훈련이라는 전문적인 영역에서 다른 목회자들의 사역을 지원하고 특화된 도움을 제공하는 것은 나만의 고유한 사역이 될 수 있었다. 사회는 갈수록 전문화되고 있었다. 이는 목회에서도 마찬가지였다. 한 명의 목회자가 모든 성도들을 다 돌볼 수는 없었다. 성도들의 요구는 다변화할 것이고 목회자에게 요구되는 역할도 갈수록 다양하고 전문화할 것이다. 그렇게 되면 목회에도 역시 전문화된 영역이 필요할 것이고 상담, 치유, 카운슬링 등 한 분야에 전문화된 사역 단체나 전문 사역자들의 역할은 더욱 중요하게 될 것이었다.

당시 내 생각이 이렇게 치밀하고 논리적으로 정리된 것은 아니었지만, 나는 직감적으로 이렇게 느끼고 있었다. 목사님의 제안이 내게 특별한 비전을 제시하고 있는 것이라는 사실만은 확실했다. 그런 확신이 들자 혼란스럽게 마음속을 떠돌던 잡념들이 가라앉으면서 생각이 한 곳으로 집중되었다. 결심만 하면 되었다.

하산하는 길에서 나는 확실하게 결정했다. 길지 않은 삶이었지만 나는 전통 교회의 아픔과 준비되지 않은 지도자들로 인한 교회의 혼란과 어려움을 많이 지켜보며 성장해 왔다. 그것은 아버지의 교회뿐만 아니라 주변의 교회들도 마찬가지였다. 그런 교회들에게 제자훈련의 비전을 제시하고 그 교회들이 그 비전 속에서 성장하고 건강해질 수 있도록 돕는 것은 정말로 의미 있는 일이었다.

아버지의 한숨과 그늘진 얼굴이 떠올랐다. 황해도 문화 출신으로 혈혈단신 삼팔선을 넘어 월남해 군목으로 목회를 시작한 아버지는 나와 40여 년의 나이차가 있었다. 뒤늦게 보신 첫아들이 바로 나였다. 오산에서 목회를 하실 때 아버지는 이미 60세를 넘고 있었다. 그런 아버지가 하루는 내게 푸념하듯, 하소연하듯 말했다.

"명호야, 왜 이렇게 목회가 힘든지 모르겠다. 시간이 흐르면 흐를수록 쉬워지는 게 아니라 더 힘들고 어려워지는구나!"

아버지의 목소리에는 오랜 시간의 피로감이 배어 있었다. 그리고 그 피로감의 한구석에는 한 인간의 체념 섞인 슬픔이 깊이 가라앉아 있었다. 나는 가슴이 아렸다. 나이 든 아버지의 한숨은 어린 아들이 감당하기에는 너무도 부담스러웠다. 아버지의 고통을 대신 짊어질 수 없는 아들의 무력감은 나이 든 아버지의 한숨만큼이나 서글픈 것이었다.

목회가 힘들다는 아버지의 푸념은 아버지가 시무하던 교회의 한 장로와의 갈등 때문이었다. 그 장로는 그리스도인이라고 보기에는 너무도 이기적인 인물이었다. 신앙이 없는 사람보다도 못한 인물이었다. 교회를 건축하면서 그 인력과 자금, 자원을 이용해 자신의 주택을 건축하는 사람이었다. 장사꾼과 하등 다를 바가 없는 그런 사람들과의 마찰은 당신의 말년 목회를 한없이 힘든 절벽으로 밀고 갔다.

내가 결혼을 한 것이 첫 번째 칼 세미나를 마친 4월 8일이었는데, 아버지는 내가 결혼한 지 보름 만에 세상을 떠나셨다. 고혈압이 원인이었다. 교회를 건축하며 그 장로와 부딪혔던 고통스러운 시간들이 고혈압의 원인이 되었으리라는 것은 쉽게 짐작이 가는 일이었다. 교회에 사람을 잘못 세워 갈등하던, 그리고 그로 인해 결국은 일찍 세상을 뜨셨던 아버지의 모습을 지켜보면서 나는 기성 교회의 모순과 병폐에 절망하고 있었다.

내 결혼식 때 아버지는 주례를 맡으셨던 옥 목사님의 손을 꼭 붙들고 이렇게 부탁하셨다.

"제 자식 놈은 이제 목사님께 맡기겠습니다."

아버지는 그렇게 옥 목사님께 나를 부탁하셨다. 어쩌면 당신의 앞날을 미리 예감하시고 그런 부탁을 하셨는지도 몰랐다. 그것이 아버지와 옥 목사님의 마지막 만남이었다. 그래서 그런지 이따금 옥 목사님의 말씀 속에는 언뜻 '아버지가 너를 내게 맡겼다'는 뉘앙스가 숨어 있었다. 목사님은 나의 그런 아픔도 알고 있었고, 내가 대학생 때부터 기존 교회와는 전혀 다른 분위기의 사랑의교회에서 성장해 온 점과, 또 내가 갖고 있던 기질이나 은사도 고려하셨던 것으로 보였다.

산에서 내려온 나는 바로 옥 목사님을 찾아갔다.

"목사님, 그렇게 하겠습니다. 목사님이 말씀하신 대로 전문 사역자가 되겠습니다."

목사님은 내 손을 꼭 쥐어 주셨다.

또 한 명의
스승

하나님이 그의 백성에게 품고 계신 뜻이 무엇인가? 그것은 그의 백성이 예수 그리스도의 형상을 닮는 것이다.

– 존 스토트

1994년 여름, 제2회 사랑의교회 교역자 하기 수련회가 열렸다. 부산 새중앙교회 교역자들과 연합으로 진행되었는데, 양측 교회 교역자들을 모두 합쳐도 그리 숫자가 많지 않았기 때문에 수련회는 오붓하고 가족적인 분위기 속에서 진행되었다. MBTI(성격 진단 프로그램)를 통해 각자의 성격 유형을 진단하고 사역에 적용하는 워크숍도 갖고, 저녁에는 모두가 백사장에 앉아 간증과 삶에 대한 이야기도 나누면서 관계 중심적 수련회를 가졌다.

수련회 마지막 날 저녁이었다. 갑자기 옥 목사님이 숙소로 나를 호출하셨다.

"목사님, 부르셨어요?"

"너, 유학 갔다 와라!"

'아닌 밤중에 홍두깨도 아니고 느닷없이 유학이라니….' 나는 어안이 벙벙했다.

하지만 목사님은 그 말을 아무 생각 없이 즉흥적으로 꺼낸 것이 아니었다. 깊이 생각하고 나의 장래와 여러 가지 여건을 고려해 내린 결론이었다. 제자훈련 사역을 지속적으로 진행시켜 나가려면 지금 상태로는 부족하다고 보았던 것이다. 일손이 줄어들면 당장 목사님이 불편해지겠지만, 그보다는 사람을 키우는 게 더 중요하다고 생각하셨던 것이다. 제자훈련 사역을 위해서 좀 더 체계적이고 전문화된 콘텐츠를 생산해 내는 작업이 필요했다.

나 역시 스스로의 한계를 절감하고 있었다. 훈련원 사역은 목회자를 돕는 전문적인 사역인데 나는 나이도 어렸고 목회 경험도 짧았다. 무조건 일만 하는 게 능사는 아니었다. 좀 더 배우고 경험해야 할 필요성이 있었다. 하지만 "목사님, 저 공부해야겠습니다"라고 먼저 나설 수는 없는 노릇이었다. 목사님은 아마도 나의 그런 생각까지도 읽고 계셨던 모양이었다. 목사님은 지금부터 준비해서 내년 이맘때쯤 유학을 떠나도록 하라고 말씀하셨다.

사실 사랑의교회는 체계적이고 지속적으로 교역자들의 교육을 지원하고 있었다. 그동안 IVF(한국기독학생회) 고직한 선교사의 유학을 후원했고, 합동신학교 오덕교 교수의 유학도 후원했다. 사랑의교회 내부적으로는 김만형 목사가 교회의 후원을 받아 3년간 유학을 갔다 돌아온 시점이었다. 순서로 따지면 내가 네 번째 '사랑의교회 후원 유학생'이었던 셈이다.

옥 목사님은 늘 "일을 벌이는 것보다 더 중요한 것은 사람을 준비시키는 것"이라고 강조했다. 특히 옥 목사님은 외부에서 준비된 사람을 데려다 쓰는 손쉬운 방법보다는 비전을 갖고 있는 내부의 인력을 직접 키우는 방식을 선호했다. 그렇게 사람을 키우는 실제적인 방법 가운데 하나가 바로 유학이었다.

하지만 옥 목사님은 유학을 보내면서 어떤 조건이나 단서 조항을 다는 법이 없었다. 특정 분야의 학위를 취득해야만 한다거나, 주어진 기간 동안 최소한 어느 정도의 학위는 취득해야 한다거나 하는 전제 조건이 전혀 없었다. 그저 2년 동안 자신이 공부하고 싶은 것, 배우고 싶은 것을 배우고 오는 것이 유일한 조건이었다. 이를 위해 교회에서는 그 사람의 학비와 생활비 전체를 지원해 주었다. 사람에 대한 절대적인 신뢰가 없이는 결코 하기 힘든 일이었다.

그 이듬해 나는 미국행 비행기에 올랐다. 옥 목사님의 신뢰와 교회의 전폭적인 지원이 나의 여행용 캐리어에 넘치도록 채워져 있었다. 우선 한 학기 동안은 노스 팍 칼리지에서 영어 연수를 받았다. 이어 트리니티 신학교에 입학 허가를 얻어 공부를 시작했다. 내가 선택한 학교였다. 트리니티 신학교는 복음주의권에서도 균형 잡힌 시각을 갖고 있는 학교로 잘 알려져 있었다. 게다가 교육학 쪽, 그중에서도 특히 선교와 교육을 잘 통합한 커리큘럼과 좋은 교수진을 확보하고 있었다. 내가 트리니티를 선택한 이유였다.

트리니티에서의 생활은 행복했다. 다시 돌아온 캠퍼스는 푸르름으로 가득했다. 젊어지는 느낌이었고 의욕으로 온 몸이 새롭게 충전되는 것 같았다. 새로 시작한 공부가 좀 벅차고 고되기는 했지만 공부를 할 수 있다는 사실만으로도 나는 감격하고 있었다. 의미 있고 보람찬 하루하루가 이어지고 있었다. 공부를 시작한 지 1년 만에 종교교육학 석사과정을 마쳤다. 졸업 논문 주제는 소그룹 지도자들을 위한 교육 커리큘럼이었다.

석사과정을 마쳐 갈 무렵 나는 워렌 벤슨 교수를 찾아갔다. 벤슨 교수는 내가 트리니티 신학교에서 첫 번째로 택한 교육학 과목을 가르쳤던 교수였다. 연세가 지긋하게 드신 분이었는데 미국 기독교 교육계에 종사하는 내로라 하는 인사들과 든든한 네트워크를 가진 분으로, 당시 트리니티 신학교 목회학 박사 과정(D. Min.)의 책임자였다. 그에게 앞으로 내가 한국에 돌아가서 진행하게 될 사역의 내용을 설명하고 목회학 박사 과정에 들어갈 수 있도록 해 달라고 부탁했다. 그런데 벤슨 교수는 내게 목회학박사가 아닌 철학박사(Ph. D.) 과정을 권했다. 약간 의외였지만 벤슨 교수는 그 이유를 자세히 설명해 주었다. 벤슨 교수는 만약 자신의 아들이 찾아와서 이런 상담을 했다면 주저하지 않고 철학박사 학위를 권했을 것이라며 박사 과정 입학 허가서까지 직접 받아 주었다.

귀국하려면 6개월 정도밖에 남지 않은 시점이었다. 교회에서 내게 허락해 준 시간은 2년이었다. 하지만 벤슨 교수의 권유대로 철학박사 과정을 밟는다면 과목을 이수하는 데만 1년의 시간이 더 필요했다. 그 이후에 종합시험과 논문 제안, 논문 심사라는 긴 과정이 기다리고 있었다. 고민이 되었다. 하지만 그냥 거절하기에는 너무도 아쉬운 제안이었다. 벤슨 교수로서는 내게 특별한 호의를 베푼 것이었다. 아까운 기회였다.

고민하던 나는 결국 사랑의교회 당회 앞으로 편지를 썼다. 박사 과정까지는 생각하지 않았는데 이렇게 길이 열려 입학 허가를 받았다, 지금까지 공부할 수 있도록 지원해 준 사랑의교회에 진심으로 감사를 드린다, 여기서 그냥 정리하고 돌아가기에는 아쉬움이 많다, 기간을 1년 정도만 더 연장해 줄 수는 없겠느냐는 내용이었다. 옥 목사님은 나의 편지를 당회에 꺼내 놓고 의논을 거친 후 유학 기간을 1년 더 연장시켜 주었다. 그렇게 해서 나의 유학생활은 3년으로 길어지게 되었다.

지금 생각해도 내가 트리니티에서 좋은 선생님들을 만날 수 있었던 것은 정말 큰 축복이었다. 늘 친아버지처럼 나의 어려움을 상담해 주고 도와주었던 워렌 벤슨 교수, 학문적인 연구 방법론과 교육에 관해 눈을 뜨게 만들어 준 테드 워드 교수, 나의 개인적인 가능성의 문을 여는 데 많은 도움을 주었던 린다 커넬 교수는 평생 잊지 못할 것이다. 나의 박사논문 지도 교수였던 린다 커넬 교수는 캐나다 사람이었는데, 어린이 교육과 리더십 성인 교육 분야에서 내게 많은 도움을 주었다.

박사 과정을 완전히 마치지 못하고 귀국해야 했기 때문에 한국에 돌아와서도 틈틈이 부족한 과목을 수강하고, 졸업 시험을 치르고, 논문이 통과되고, 마침내 졸업하게 되기까지 무려 10년이라는 세월이 소요되었다. 개인적으로는 순간순간 포기하고 싶은 유혹을 받을 때도 많았다. 훈련원에서 사역하면서 짬짬이 시간을 내어 박사 과정을 계속 밟는다는 것이 말처럼 쉬운 일이 아니었다. 육체적인 피로도 피로였지만 정신적인 피로감은 더 고통스러웠다. 하지만 그때마다 린다 커넬 교수의 격려와 도움이 큰 힘이 되었다. 그는 내가 지쳐 포기하지 않고 마침내 논문을 마무리할 수 있도록 끝까지 도와주었다. 이 자리를 빌어 감사의 마음을 전하고 싶다.

나는 2005년에 졸업 논문을 마무리했다. 나의 철학박사 논문은 제자훈련을 교육학적 관점에서 분석한 것으로 「대화식 접근과 영적 성장: 한국에서의 제자훈련」(The Dialogical Approach and Spiritual Growth : Discipleship Training in Korea)이었다. 나는 이 논문에서 제자훈련이 갖고 있는 교육학적 기능을 세 가지 관점으로 정리했다. 제자훈련을 목회적 관점이 아니라 성인 교육의 관점에서 바라본 시각은 앞으로 제자훈련 사역에 또 다른 좋은 아이디어를 제공해 줄 수 있을 것이라고 나는 생각한다.

성인 교육의 관점에서 제자훈련은 세 가지 긍정적인 역할을 한다. 학습 공동체의 형성, 비판적 사고 개발, 프락시스 (praxis)의 촉진이 바로 그것이다.

제자훈련을 받은 훈련생들은 소그룹에서 마음을 터놓고 함께 대화할 수 있는 영적 동지를 얻었기 때문에 삶의 변화를 경험할 수 있었다고 말한다. 즉, 소그룹 내에서 솔직하게 자신의 이야기를 나눔으로써 친밀감을 형성하고, 서로를 위해 기도함으로써 하나의 영적 가족으로 묶이는 경험을 하게 되는 것이다. 이런 면에서 본다면 제자훈련은 단순한 성경공부가 아니라 인생의 여정을 함께 걸어가며 서로의 삶을 붙들어주는 공동체라는 사실을 알 수 있다.

비판적 사고 개발은 제자훈련 과정의 대화식 교육 방법으로 이루어진다. 제자훈련 참여자 대부분은 제자훈련 과정에서 이루어지는 토론이 자신의 사고를 개발하는 역할을 한다고 고백하는데, 이는 쌍방통행식 토론과 대화를 중심으로 제자훈련이 진행되기 때문이다. 제자훈련 지도자들은 훈련에 참여하는 사람들이 스스로 진리를 발견할 수 있도록 돕기 위해 질문을 던진다. 이 질문은 훈련생들의 생각을 더욱 심화시키는 동시에 자신의 느낌과 생각을 표현할 수 있는 기회를 제공하기도 한다. 이러한 접근 방식은 주입식 교육 방식보다 더 오래 기억에 남고 더 큰 삶의 변화를 불러 일으킨다.

마지막으로 제자훈련에서 삶의 변화를 이끌어 내는 중요한 요소는 '프락시스의 촉진'이다. 프락시스라는 말은 '실천'(practice)이라는 말로 번역하기도 하지만 그 의미가 온전하게 전달되지 않기 때문에 프락시스라는 용어를 그대로 사용한다. 프락시스는 비판적 성찰을 통해 얻은 결론에 대해 의지를 가지고 능동적으로 실천하는 것을 말한다. 제자훈련에서는 이러한 프락시스가 촉진되어 삶의 변화를 일으킨다. 제자훈련은 삶의 변화를 강조한다. 따라서 성경본문을 살펴볼 수 있도록 돕는 질문과 토론의 과정을 통해서 진리를 발견한 후 적용하는 단계를 밟게 된다. 이 단계에서는 말씀을 개인의 삶에 비추어 보고 변화되어야 할 부분이 있다면 구체적인 행동으로 실천할 수 있도록 돕는다. 훈련생들은 성경의 진리를 자신의 구체적인 삶 속에서 실천할 수 있도록 결단하고, 다음 모임 때까지 그것을 실천하도록 생활 숙제를 받게 되는데, 이를 통해 삶의 변화를 체험하게 되는 것이다.

제자훈련은 성인 교육이라는 관점에서도 대단히 효과적인

교육 방법론인 것이다. 나는 이 논문으로 2006년 5월 마침내 철학박사 학위를 취득할 수 있었다.

나는 1997년 7월, 미국 유학을 마치고 훈련원으로 복귀했다. 이전에는 보이지 않던 새로운 요소들이 눈에 띄기 시작했다. 우선 칼 세미나를 수료한 목회자들의 모임인 칼 네트워크를 강화하기 시작했다. 네트워크의 중요성에 눈뜨게 되었던 것이다.

사역의 방향도 달라지기 시작했다. 이전의 나의 사역이 주로 칼 세미나를 위한 행정적 지원에 초점이 맞춰져 있었다면, 유학 이후에는 콘텐츠 쪽에 주목하게 되었다. 그래서 칼 세미나를 위한 다양한 교육 자료들을 개발하고, 세미나의 내용을 좀 더 보강하거나, 실제적인 제자훈련의 현장을 보여 주는 워크숍 강화에 주력하게 되었다. 이와 함께 훈련원의 사역팀도 보강이 되었다. 인적 구성이 갖추어졌고 사역이 업그레이드되고 다양한 콘텐츠가 개발되면서 국제제자훈련원은 본격적인 제자훈련 사역 지원 기관이라는 자리를 공고히 하게 되었다.

내게 남은
숙제

내가 관심을 갖는 교회론은 교회의 주체가 누구인가 하는 것
이다. 나는 교회의 주체가 평신도라고 생각한다. 그것이 성경
적이라고 생각했고, 교회 주체인 평신도를 위해 목회자가 어떤
사역을 우선에 두어야 하는지, 성도들에게 주어진 그 어느 것
과도 바꿀 수 없는 영광스러운 신분과 소명이 무엇인지, 그것
을 목회자로서 어떻게 극대화시켜 줄 수 있는지 등 이런 것을
고민하는 것이 나의 교회론의 중심이 돼 버렸다.

　－ '나의 교회론과 제자훈련은 엇박자가 된 것 같다' 중에서(「디사이플」 2009년 11월호)

옥한흠 목사님을 이야기하는 나는 지금 조심스럽고 안타깝고 슬프면서도 행복하다. 그분은 나의 멘토이자 동역자였고 친구이자 든든한 후원자였다. 하지만 아쉽게도 2010년 9월, 한국 교회사에 굵직한 궤적을 남긴 채 그분은 하나님의 품에 안기셨다. 너무도 많은 이들의 사랑과 존경을 받았던 분이었기에 지금 내가 고인에 대해 이야기하는 것이 오히려 누를 끼치는 것은 아닐까 조심스럽기 그지없다. 그리고 그분이 지금 우리 곁에 없다는 사실이 너무 안타깝고, 나의 고민을 더 이상 그분과 나눌 수 없다는 사실이 너무 슬프다. 그럼에도 불구하고 그분이 한때 우리 곁에 있었고, 나의 멘토였고, 30여 년이라는 긴 시간 동안 그분과 동역할 수 있었다는 사실에 나는 행복하다.

내가 옥 목사님을 처음 만난 것은 1981년이었다. 그동안 옥 목사님은 사랑의교회 담임목사였고 나는 부교역자였다. 일반적으로 교회의 담임목사와 부교역자는 지시를 하고 지시를 받는 수직적인 관계이지만, 옥 목사님과 나는 단순히 그런 관계는 아니었던 것 같다. 나뿐만 아니라 옥 목사님과 함께 일했던 사랑의교회 부교역자 대부분이 그렇게 느꼈다. 그것은 옥 목사님의 개인적인 스타일 때문이기도 하고, 그분의 목회철학 때문이기도 했으며, 삶을 대하는 그분의 태도 때문이기도 했다.

옥 목사님은 어떤 사역을 진행해야 할 때 그 일을 맡길 사람을 선정하고 그 사람과 함께 일할지를 결정하기까지는 너무도 신중하고 조심스러운 분이었다. 하지만 일단 함께 일하기로 마음을 먹었으면 전적으로 상대방을 믿고 일을 맡기는 스타일이었다. 이때 '일을 맡긴다'는 말은 일반적인 의미의 '맡긴다'와는 좀 다른 개념이다. 옥 목사님이 '일을 맡긴다'는 말은 영어의 'empowerment'에 해당한다.

'empowerment'는 흔히 '위임'으로 번역되는데, 위임이라는 말의 사전적 의미는 '어떤 일을 책임 지워 맡김, 또는 그 책임'을 의미한다. 하지만 영어 단어 'empowerment'는, 'em-power-ment'로 나누어진다. 즉, 힘(power)을 부여(em)해 주는 것, 다시 말해 권한을 준다는 의미가 강조되어 있다. 옥 목사님은 일을 위임할 때 단순히 일만 위임하는 게 아니라 그 일을 할 수 있는 힘도 부여해 주었다. 담당자가 일을 감당할 수 있도록 역량을 길러 주고, 일 하는 데 필요한 자원을 공급해 주며, 일을 잘할 수 있도록 멘토링하고, 어디부터 어디까지 일을 해야 하는지 그 영역과 한계선을 분명히 그어 주었다. 이것은 분명 우리가 흔히 알고 있는 위임과는 좀 다른 것이다. 목사님의 이런 독특함 때문에 나는 그동안 옥 목사님과 상하관계, 주종관계로 일을 했다기보다는 멘토와 멘티의 관계 속에서, 평등한 횡적관계를 이루고 함께 사역해 왔다.

옥 목사님과 함께 일하면서 내가 가장 놀랐던 것은 출퇴근 문제였다. 대부분의 교회에서 부교역자들은 정해진 시간에 출근해서 정해진 시간에 퇴근한다(거의 많은 경우, 출근 시간은 정확히 지켜야 하지만 퇴근 시간은 상황에 따라 달라진다. 대부분 많이 늦어지거나 아예 퇴근 시간이 없는 경우도 있다). 그리고 사역 보고서를 제출하고 정해진 틀 안에서 일을 한다. 일의 진척사항을 보고하고 일의 진도가 느릴 경우에는 '호되게 깨지기'도 한다.

그런데 옥 목사님은 한 번도 부교역자의 출퇴근 시간을 정해 준 적이 없다. 목사님은 "목회자가 심방을 하면 거기에 무슨 별도의 출퇴근 시간이 있느냐? 상대방이 원하는 시간에 만나야 하는데 퇴근 시간이라고 심방을 미루겠느냐?"라며 목회자가 출퇴근 시간을 지켜 가며 사역하는 것은 올바른 방법이 아니라고 생각했다. 부교역자가 스스로 자율적으로 알아서 조정하기를 바랐다. 목회자는 회사의 직원, 즉 샐러리맨이 아니기 때문이다.

목사님은 시도 때도 없이 전화를 했다. 궁금한 것이 있을 때마다 수시로 전화로 확인을 했다. 그 시간을 놓치면 아예 잊어버리는 본인의 습성을 알고 계셨기 때문이다. 그런데 그렇게 전화를 받다 보면 늦은 아침 시간에 잠을 자다 전화를 받는 일도 있었다. 하지만 목사님은 단 한 번도 "너 거기가 어디냐? 지금이 몇 시인데 잠을 자다 전화를 받냐?"고 물어본 적이 없었다. 단순히 전화를 걸게 된 용건만 이야기했다. 그래서 내가 오히려 목사님에게 그 이유를 물어본 적이 있다.

"목사님, 부교역자가 늦은 아침 시간에 집에서 전화를 받거나 막 잠에서 깬 목소리로 전화를 받으면 이상하지 않습니까? 이유가 궁금하지 않으세요?"

그랬더니 목사님은 이렇게 대답했다.

"글쎄, 무슨 이유가 있었겠지. 일을 하다 밤을 샜으면 아침에 집에 있을 수 있지 않을까? 목회자가 회사원처럼 시간에 매여 있다면 사역의 본질을 놓칠 수도 있는데, 난 그런 걸 원치 않는다. 사역 관리와 시간 관리는 목회자라면 본인이 스스로 해결해야 할 문제라고 생각한다. 목회자는 하나님의 일을 하는 사람들이다. 하나님과 당사자 본인이 해결해야 할 문제지 내가 일일이 점검하고 참견할 일이 아니다."

목사님의 대답에 나는 아무런 할 말이 없었다.

나는 사랑의교회 부교역자로 일하면서 한번도 출퇴근 문제를 가지고 점검을 받아본 적이 없다. 대신 목사님은 가끔 영적인 측면을 점검하셨다. 사역자로서 경건 생활과 기도 시간, 그리고 영성을 점검하는 시간을 가졌다. 그것 외에 다른 부분은 본인의 자율에 맡기는 것이 목사님의 원칙이었다.

옥 목사님은 일단 일을 맡기면 그 일에 대해서는 당사자가 소명감을 갖고 하나님 앞에서 스스로를 점검하게 만들었다. 그래서 나는 단 한번도 내가 옥 목사님의 일을 한다거나, 혹은 시키는 일을 한다는 생각을 해본 적이 없다. 난 늘 내 일, 하나님의 사역을 한다고 느꼈고 다만 옆에서 옥 목사님이 그 일을 더 잘할 수 있도록 멘토링 해 주는 것이라고 느꼈다. 그것이 바로 옥 목사님의 동역 방식이었다.

옥 목사님의 주변에는 한 분야의 일을 위임받아 총괄적으로 일을 진행했던 사람들이 많다. 옥 목사님은 어떤 사람을 선정하고 그 사람에게 일을 맡길 때는 그 사람을 전적으로 신뢰한다. 때로는 다른 사람들이 그 사람을 원색적으로 비난하더라도 일단은 그 사람을 믿어 주는 편이다. 비록 나중에 뒤통수를 맞는 한이 있더라도 그 사람을 믿고 일을 맡겨 일이 되도록 만드는 리더십이다.

또 아무리 좋은 사역이라도 그 일을 맡을 사람이 준비되지 않으면 절대로 일을 벌이지 않았다. 교회 안에 다양한 프로그램과 사역들이 많지만, 옥 목사님은 계획만 가지고 일을 벌인 적이 없다. 새로운 계획이 생기면 그 일을 감당할 수 있는 적절한 사람을 찾고 사람이 있으면 비로소 일을 시작했다. 그리고 일단 일을 시작한 다음에는 담당자에게 사역을 진행해 갈 수 있는 기회를 제공해 주고, 다소 능력이 부족한 사람이 일을 맡게 되었을 때는 담당자가 일을 하면서 계속해서 성장할 수 있도록 돌봐 주는 분이었다.

특히 옥 목사님은 밖에서 사람을 데려오는 데 신중한 편이었다. 일을 추진할 때 외부에서 적임자를 찾아 일을 진행하는 것이 손쉬운 방법이지만, 옥 목사님은 그런 방법보다는 내부 인력을 잘 활용했다. 목사님 주변에 잠재력이 있는 사람을 찾아서 그에게 일을 맡겨 사람도 키우고 일도 키우도록 했다.

그래서 목사님은 믿었던 사람에게 상처를 받기도 했지만, 쉽게 흔들리지 않았다. 주변의 사람들이 담당자를 비난하고 여러 가지 좋지 않은 소문이 돌아도 웬만한 일이 아니면 그 사람의 입장을 이해하고 변호했다. 거기서 더 나아가 그런 소문과 험담으로부터 담당자를 보호하고 막아 주는 역할까지 맡았다. 목사님의 그런 모습은 상황에 따라서는 바보스럽고 어수룩하게 느껴질 때도 있다.

하지만 시간이 흐르고 나면 목사님의 리더십이 탁월함을 항상 확인할 수 있었다. 그렇게 온전히 믿고 맡기기 때문에 옥 목사님 주변에는 늘 다양한 사람이 모여 함께 일을 할 수 있었다. 사상의 스펙트럼으로 보면, 급진주의자부터 극보수주의자에 이르기까지 모두 옥 목사님과 연대를 이뤄 일을 할 수 있었다. 진보적인 성향을 띤 목회자 단체들부터 매우 보수적인 입장을 취하는 목회자들이 모인 단체에까지 목사님은 존경을 받았고 그들을 하나로 묶어 한 목소리를 낼 수 있는 리더십을 발휘했다. 이것이 바로 옥 목사님의 진정한 리더십이었다.

하지만 옥 목사님은 자신을 드러내는 부분에 있어서는 대단히 소극적이었다. 여간해서는 자신을 잘 드러내지 않았다. 목사님의 첫 책 『고통에는 뜻이 있다』 출간 과정을 보면 그런 목사님의 성품이 고스란히 드러난다.

목사님이 책을 내게 된 것은 나침반출판사의 요청 때문이었다. 아마도 출판사가 매달리지 않았으면 목사님의 첫 책은 나오지 못했을 것이다. 80년대 초반이었는데 나침반출판사의 김용호 대표가 전화를 걸어 왔다. 목사님의 설교집을 단행본으로 내고 싶다는 것이었다. 그러나 옥 목사님은 펄쩍 뛰었다. "누가 내 설교집을 읽겠느냐"는 것이었다. 목사님은 김용호 대표의 제안을 일언지하에 거절했다.

목사님을 설득하기가 쉽지 않다고 판단한 김 대표는 목사님의 주변 사람들에게 목사님을 설득해 달라고 부탁했다. 그래서 강명옥 전도사가 "목사님 설교를 좋아하는 사람들이 많아요. 저는 목사님이 설교를 통해 하실 말씀이 있다고 생각해요. 일단 녹취를 해서 테이프를 주면 출판사에서 내용을 다 풀어서 책으로 만들겠다고 하니 허락해 주시죠" 하고 매달렸지만 목사님은 묵묵부답이었다.

하지만 주변 사람들의 끈질긴 권유에 결국 목사님도 항복하고 말았다. 책의 출판을 허락한 것이다. 그렇게 해서 1983년 목사님의 첫 책 『고통에는 뜻이 있다』가 출간되었다. 사륙판 크기에 두껍지 않은 분량의 첫 설교집이었다. 박윤선 목사님이 추천사를 쓰고, 표지 뒷장에는 당신의 트레이드 마크였던 투구머리에 보라색 등나무 밑에서 찍은 사진이 들어갔다. 나침반출판사가 당시로서는 혁신적인 디자인을 시도해서 책이 예쁘게 잘 나왔다. 물론 판매도 잘되었다.

이렇게 목사님은 자신과 관련된 부분에서는 늘 조심스러워했다. 남들 앞에 나서고 싶어 하질 않았다. 그런 면에서 본다면 목사님은 대단히 내성적이고 수줍은 사람이었다. 목사님이 소천한 후 나는 그분의 삶을 재조명하기 위해 자료를 찾았다. 그런데 본인이 자신에 대해 정리해 놓은 자료가 거의 없었다. 자신을 드러내는 일에 있어서는 철저하게 무관심한 사람이었던 것이다.

세속적인 관점으로 보자면 옥 목사님은 그야말로 자수성가한 사람이었다. 본인이 개척한 교회를 우리나라에서 손꼽히는 대형 교회로 키웠고, 목회자 대부분이 다 알고 존경하는 한국 교계의 지도자였다. 그런데도 자신의 그런 위치나 지위를 통해 얻고 누릴 수 있는 권리를 주장하는 데는 지극히 소극적이었다.

지방이나 해외로 집회를 갈 때도 절대 비서를 대동하는 법이 없었다. 혼자 짐을 꾸려 직접 가방을 들고 집회를 다녔다. 심지어는 외출할 때 가방을 맡기는 일도 없었다. 우연히 복도에서 마주쳐 현관까지 가방을 좀 들어 드리려 해도 철저하게 당신이 직접 들었다. 목사님의 그런 모습 때문에 주변에는 그분을 존경하는 사람들이 많았다.

나 역시 목사님을 존경했다. 단순히 당회장으로서 그분의 권위를 인정한 것이 아니라, 목회의 선배로서, 경험이 풍부한 동역자로서, 삶의 어려운 고비마다 조언을 구하고 도움을 요청할 수 있는 카운슬러로서, 내면의 고민을 털어 놓고 조언을 구할 수 있는 친구로서 나는 그분을 존경했다. 내 삶의 결정적인 전환점마다 그분은 핵심적인 '키 메이커'였다. 목회자의 길을 열어 주고, 전문 사역자의 길을 제안한 사람도 그분이었다. 유학의 기회를 제공해 주고 새로운 학문의 영역에 눈뜨게 해준 사람도 목사님이었다. 내 삶의 결정적인 순간의 열쇠는 늘 그분이 쥐고 있었다.

특히 목회와 사역의 영역에 있어서 목사님은 절대적인 존재였다. 솔직히 말해 나는 그분을 거의 복사하다시피 목회를 배웠다. 그분의 존재 자체가 내게는 탐구해야 할 교재였고 익히고 습득하며 따라해야 할 모델이었다. 나는 그분을 통해 설교를 배웠다. 말씀을 전한다는 것이 무엇인지, 설교자의 태도는 어떤 것인지, 설교라는 것이 과연 무엇인지, 그리고 그런 설교의 구조는 어떻게 구성되며 어떻게 준비해야 하는지, 논리적인 설교의 패턴들은 어떤 것이 있는지, 내게 있어 그분은 살아 있는 설교의 표본이었다. 설교자로서 옥 목사님이 내게 미친 영향은 일일이 설명하기 힘들다.

더욱이 목사님은 말씀을 전할 때 메시지에 '목숨을 걸었다.' 목사님은 한번도 설교를 농담식으로 해본 적이 없었다. 한 인간이 설교 앞에서 도대체 얼마만큼 진지해질 수 있는 것인지, 그분의 모습은 같은 목회자로서 내게 늘 대단한 도전이었다. 항상 나는 그분을 보며, 말씀을 치열하게 준비하며 한 편의 설교에 목숨을 거는 그분의 태도를 어떻게 하면 배울 수 있을까 고민했다.

목사님이 내게 보여 주신 것은 설교에 대한 태도만은 아니었다. 나는 그분으로부터 '한 사람'에 대한 관심, 잘 나가고 유명한 사람이 아니라 부족하고 상처받은 양들을 향한 깊은 관심과 애정을 배웠다. 사실 교회를 담임하다 보면 유명하고 잘 나가는 사람들에게 휘둘리기 쉽다. 그게 현실이다. 하지만 목사님은 사회적인 약자들, 그리고 영적으로 연약한 사람들을 깊이 사랑하셨다. 특히 선교사들처럼 힘들게 사역하는 사람들에게 무한한 애정을 보여 주었다. 그런 모습을 보면서 목회자로 성장했기 때문에 나 역시 작은 자, 한 사람에 대한 관심을 잃지 않으려고 노력하고 있다.

리더로서 옥 목사님은 열린 커뮤니케이터였다. 늘 타인의 의견에 귀를 열어 두는 개방형 리더십의 소유자였다. 목사님은 부교역자의 의견이나 나이 어린 사람의 견해라고 해서 결코 무시하는 법이 없었다. 본인의 견해와 다르다고 해서 배척하는 법도 없었다. 때때로 견해가 충돌해 논쟁이 벌어지더라도 곰곰이 생각해 보고 자신의 의견이 잘못되었다면 비록 상대방이 부교역자라도 반드시 사과했다. 그리고 상대방의 의견을 따랐다.

목사님의 이런 특징은 장점이자 단점이기도 했다. 열린 커뮤니케이터라는 것은 뒤집으면 '언제든 바뀔 수 있다'는 의미이기도 했다. 목사님은 어떤 결정을 내렸어도 새로운 변수가 생기면 언제든 그 결정을 뒤집을 수 있는 분이었다.

한번은 이런 일이 있었다. 사랑의교회는 멀리 일산에서부터 주일 예배를 드리러 오는 교인들이 많았다. 시간도 많이 걸리고 힘든 일이었다. 그분들의 불편을 덜고자 일산 쪽에 일종의 지교회 형태의 기도처를 두는 방안을 시도해 본 적이 있었다. 주일에는 본교회로 오더라도 평일에는 가까운 곳에서 신앙생활을 할 수 있도록 편의를 돕기 위해 고안한 방법이었다. 그렇게 하면 수요 예배 같은 경우는 일산 쪽에서 드릴 수 있었다.

그러자 일산 쪽 목회자들이 벌떼처럼 들고 일어났다. '사랑의교회마저 대형 교회화 하느냐, 어떻게 지교회를 세울 수 있느냐'며 항의가 빗발쳤다. 교인들을 돕겠다고 시작한 일이었는데 예상 외로 큰 논란이 벌어진 것이다. 이 문제를 놓고 사랑의교회 교역자 회의가 소집되었다. 회의 내에서도 갑론을박이 심했다. 처음에는 설득을 시도했다. 일산 지역 목회자들에게 "우리는 지교회를 세우는 것이 아니다, 우리 교인들의 영적 성장을 위해 일종의 센터를 만드는 것이다, 그리고 그 센터는 사랑의교회 교인이 아닌 사람은 받지도 않는다"고 설명했지만 이해하려 들지 않았다. 목사님은 결국 이 계획을 백지화시켰다.

목사님은 개인적이고 소소한 측면에서도 결벽에 가까운 엄격함을 갖고 있었다. 남에게 피해를 주기 싫어하고 구설이 될 만한 요소는 아예 본인이 포기하고 손해를 보는 식이었다.

한번은 옥 목사님이 자동차를 바꾼 적이 있었다. 몰던 차가 오래된 구형이었고 고장도 잦았다. 기름도 많이 잡아먹고 불편했다. 당회에서는 신형 그랜저를 구입했다. 연세나 활동 범위 등을 고려할 때 그렇게 고급도 아니었고 비싼 것도 아니었다. 다른 교계 지도자들에 비하면 오히려 수수하고 소박한 편이었다. 그렇게 새로 산 차를 교회 정문 앞 주차장에 세워 놓았다.

그런데 이게 문제가 됐다. 차가 너무 고급이라는 것이었다. 특히 젊은이들의 반발이 심했다. 지금까지 자신들에게 가르쳤던 내용과 다른 모습에 실망했다는 것이었다. 성도교회 시절부터 옥 목사님에게 배웠다는 한 형제는 장문의 편지를 써서 팩스로 보내기도 했다.

그때 목사님이 그 차 한 대를 놓고 얼마나 고민을 하던지 옆에서 보기가 민망할 정도였다. 결국 목사님은 차를 처분했다. 때마침 철강회사를 운영하던 한 장로님에게 차가 필요하시다는 소문을 들으시고, 그분께 그 차를 구입해 달라고 요청하셨던 것이다. 그리고는 그 아래 기종의 다른 차를 구입했다. 목사님이 과연 어떤 차를 몰아야 하는가라는 문제는 보는 관점에 따라 이야기가 많이 달라질 것이다. 하지만 나는 무조건 '프라이드'를 몰아야 도덕적으로 우월하고 '그랜저'를 몰면 도덕적으로 결함이 있는 것이라고는 생각하지 않는다. 지나친 흑백논리는 사람을 경직되고 완고하게 만든다. 유연성이 결여된 단순 논리는 사람이 숨 쉴 수 있는 최소한의 공간마저 박탈해 버린다. 내가 하고 싶은 이야기는 이 과정에서 보여 준 옥 목사님의 태도였다. 본인은 그렇게 생각하지 않더라도 그것이 논란의 소지가 되면 목사님은 항상 자신의 의견을 접는 쪽으로 방향을 결정했다. 그것은 리더로서 그분이 갖고 있던 장점이자 단점이기도 했다.

목사님은 부교역자들을 일일이 체크하고 감독하지는 않았지만, 당신 나름대로 독특한 방식을 통해 자극을 주고 긴장감을 잃지 않도록 유도했다. 그중 하나가 의도적으로 상대방을 '쿡' 찔러 보는 것이다. 이 방법은 목사님이 사람을 키우는 방법 중 하나이기도 했다.

목사님은 당신이 멘토링을 하면서 키워야 될 사람이라고 생각하면 일 년에 한 번 정도 사람 속을 확 뒤집어 놓았다. 가령 상대방이 좀 잘못한 일이 있으면 의도적으로 심한 말을 던지는 것이다. 그러고는 상대방이 어떻게 반응하는지를 본다. 목사님이 이런 방법을 쓰는 이유는 긴장감을 놓치지 않고 사역할 수 있도록 하기 위해서였다. 상대방에게 전적으로 위임하고 일을 맡기다 보면 간혹 긴장이 풀어져 나태해질 수도 있기 때문이었다. 상대의 부족하고 약한 부분을 의도적으로 찔러 주는 것은 상대방이 그 약점을 보완하는 기회가 되기도 했다.

내가 미국에서 유학을 마치고 훈련원에 복귀한 지 얼마 안 되었을 때의 일이다. 칼 세미나가 다가오고 있었는데, 교회가 준비해야 할 일들이 꽤 있었다. 그중 하나가 교회의 홍보 브로슈어였다. 브로슈어를 점검하고 인쇄도 해놓아야 하는데 홍보를 담당하는 목회자와 교회의 총무 담당 장로 사이에 커뮤니케이션이 원활하게 이루어지지 않았다. 브로슈어를 새로 찍어야 하는데 일이 진행되지 않았다.

담당 교역자가 장로님을 찾아가 배경을 설명하고 빨리 브로슈어를 찍어야 한다고 설명을 했는데, 어떤 이유인지 장로님은 영 승인을 해주지 않았다. 나는 화가 나서 장로님을 찾아갔다. 감정이 격해져서 설전이 벌어졌고, 결국 세미나가 제대로 진행되지 못하면 다 장로님 탓이라고 큰소리가 오고 갔다.

다음날, 옥 목사님의 호출이 왔다. 목사님을 만나러 갔더니 나를 보자마자 대뜸 이렇게 말했다.

"유학을 다녀오더니 뵈는 게 없냐? 네가 어떻게 장로님에게 그렇게 말을 하냐?"

목사님은 대단히 화가 나 있었다. 나는 그날 목사님 앞에서

반은 죽었다 살아났다. 정말 눈물이 쏙 빠지게 야단을 맞았다. 사실 나에게 그런 측면이 분명히 있었다. 유학을 갔다 와서 나름대로 계획도 있었고 의욕도 넘치다 보니 다소 감정이 격앙된 감이 있었던 것이다. 그래서 목사님은 의도적으로 좀 과하게 화를 내셨다. 나를 일정 부분 가라앉힐 필요가 있었던 것이다.

목사님은 그렇게 어떤 계기를 찾아 동역자들을 다듬는 기회로 삼았다. 물론 사건 자체만 놓고 본다면 섭섭한 측면이 없지 않았다. 나로서는 일의 진행을 원활하게 만들기 위해 선택한 방법이었지만, 분명 거기에는 젊은 사역자의 치기 같은 것도 숨어 있었다. 목사님은 바로 그런 부분을 지적해 주신 것이다. 목사님에게 많이 야단을 맞기는 했지만 무슨 말씀이신지 나는 충분히 이해할 수 있었다.

또 이런 일도 있었다. 칼 세미나가 진행될 때는 여러 부교역자들이 강의를 나눠서 하게 되는데, 목사님은 그 강의를 빼놓지 않고 모두 현장에 앉아서 듣는다. 한번은 내가 강의를 마치고 내려왔는데 목사님이 나를 불렀다.

솔직히 그때 내 강의에는 상당히 짜증이 섞여 있었다. 당시 불편한 심적 상태가 강의에 묻어 들어갔다. 목사님은 내게 "어떻게 강의를 하면서 짜증을 내냐? 개인적인 감정이 들어가면 안 된다. 강의는 감동이 있어야 한다. 아마도 네가 너무 많은 정보를 전달하려고 욕심을 부리다 보니 감동이 없고 오히려 짜증 섞인 강의가 된 것 같다. 너무 많이 전하려고 욕심 부리지 말고 감동이 있는 강의를 해라"고 지적했다.

사실 목사님으로부터 그런 지적을 받을 때는 정말로 힘들다. 더 이상 강의를 하지 못할 것 같고, 때론 마음에 상처로 남기도 한다. 하지만 시간이 흘러도 목사님의 그런 지적들은 늘 기억에 남아 있다. 그래서 설교를 하거나 강의를 할 때면 늘 그 일을 되새기고 반추하게 된다. 그리고 자신을 되돌아보고 반성하고 조심하게 된다. 사실 목사님은 다른 사람의 강의나 설교를 쉽게 평가하거나 지적하지 않는다. 아무리 나이 어린 부교역자의 설교라 하더라도 평가를 하는 법이 거의 없다. 그런데 그때 유일하게 내 강의를 지적하셨다. 그래서 평생 잊히지 않는 기억으로 남아 있다.

사실 옥 목사님은 재미있는 사람은 아니었다. 평생 흐트러진 모습을 보이거나 우리가 흔히 말하는 '망가진' 모습을 보인 적이 단 한 번도 없었다. 심지어는 수련회 때 공중목욕탕에서 마주치면 피해 갈 정도로 엄격하고 철저한 분이었다. 30여 년을 옥 목사님과 동역하면서도 목사님과 개인적이고 친밀한 시간을 가진 경험은 손에 꼽을 정도다.

내게 있어서 옥 목사님과 함께했던 가장 잊지 못할 추억은 아마도 82년도 교역자 가족 전체 수련회일 것이다. 그때는 교역자 수가 몇 명 되지 않을 때였다. 옥 목사님의 제안으로 교역자 가족 전체가 동해안으로 여행을 떠났다. 마침 교회가 버스를 한 대 구입했기 때문에 그 차를 이용할 수 있었다. 해수욕장 중에서 조용하고 여유 있게 쉴 수 있는 장소를 찾았는데 어디나 사람들로 북새통을 이루고 있었다. 적당한 해수욕장을 물색하다가 결국은 가장 북쪽에 있는 화진포 해수욕장까지 올라가게 되었다. 그곳에 텐트를 치고 목사님 가족과 최홍준 목사 가족, 조성희 전도사, 김영애 전도사 등이 함께 즐거운 시간을 보냈다. 목사님은 우리와 함께 수영을 하면서 모처럼 홀가분한 시간을 보냈다. 텐트를 치는 일은 막내인 내 몫이었다. 여러 채의 텐트를 간신히 쳤다 싶었는데 갑자기 사이렌이 울리며 그 지역에 해일이 온다고 해서, 어렵게 쳤던 텐트를 모두 걷고 산 속에 있는 시냇가로 자리를 옮겨야만 했던 일이 기억난다.

지금 생각하면 그때가 정말로 여유로운 시간이었다. 함께 이야기도 하고 버스에 있는 석유를 솜 막대기에 묻혀 횃불을 만들어 천렵도 하고, 옥수수 때가 아닌데 목사님이 옥수수가 먹고 싶다고 해서 동네 옥수수 밭에 가서 파는 거 있는지 물어보던 기억들이 너무도 아스라하다. 목사님도 그렇고 우리도 그렇고 젊었던, 그래서 그만큼 낭만적일 수 있었던 시절이었다.

그때로부터 많은 시간이 흘렀다. 옥 목사님도 세월의 무게를 피해 갈 수 없었고 나 역시 나이를 먹으며 어깨에 얹힌 책임의 무게를 절감하지 않을 수 없다.

때때로 삶은 즐겁고 행복한 시간보다는 힘들고 어려운 시간들이 더 많다는 생각이 든다. 하지만 그 모든 것은 하나님의 뜻이고 섭리라는 것을 나는 믿는다. 내가 목사님을 만날 수 있었고, 목사님을 보며 목회를 배우고 삶을 배울 수 있었던 것은 나로서는 큰 기쁨이고 축복이었다. 더욱이 그분을 나의 멘토로 삼을 수 있었던 것은 하나님이 주신 최고의 축복이라고 생각한다.

하지만 내게는 그분이 남겨 준 숙제가 있다. 그것은 그분이 평생 자신의 모든 것을 쏟아부었던 제자훈련의 사역을 이어가며 더욱 발전시키는 일이다. 그것은 주님의 제자이자 나의 멘토였던 옥한흠 목사님이 걸었던 길이고, 그분을 멘토로 삼았던 내가 걸어야 할 길이기도 하다.

집중의
미학

인내가 필요하다. 사람을 만드는 일은 인내 없이는 절대 할 수
없다. 사람을 만드는 데 관심을 가지는 사람은 결과를 미리 놓
고 계산하면 안 된다. 자기의 목회 성공을 위한 수단으로 이용
하면 타락한 제자훈련이 된다. 우직하게 순수하게 참으면서 해
보면 하나님께서 자라게 하신다.

– '제자훈련에 중간지대는 없다' 중에서(「디사이플」 2003년 11월호)

내가 옥 목사님과 동역한 시간을 따져 보면 근 30년이 된다. 그동안 나는 옥 목사님으로부터 많은 것을 배웠고, 배운 것을 스스로 체화하기 위해 부단히 노력했다. 그 중에서도 특히 내가 관심을 갖고 지켜보았던 부분은 목사님의 리더십이었다. 목사님은 분명히 그 연배의 다른 목회자들과는 차별된 리더십을 갖고 있었고, 나는 목사님의 리더십에 상당히 매료되어 있었다. 목사님의 리더십은 확산보다는 집중, 넓이보다는 깊이, 많음보다는 적음을 선택하는 방식이었는데, 나는 이것을 '장인 정신'으로 해석하고 싶다. 즉, 목사님의 사역은 당신이 우리에게 늘 강조하셨듯이, 한 그릇의 설렁탕을 예술로 승화시키는 '집중의 미학'이기도 했다.

가령, 목사님의 '한 사람 철학'이나 '한 우물', 또는 '광인론'을 보면 모두 집중에서 시작해서 집중으로 끝나는 몰입의 과정이다. 한 분야에 이렇게 철저히 몰입할 수 있는 것은 헌신이 전제되지 않고는 불가능한 일이다. 자신의 개인적인 욕구를 철저히 포기하지 않는 한 이런 집중과 몰입은 불가능하다. 목사님은 우리에게 그런 집중을 요구했을 뿐만 아니라 당신이 그것을 가장 앞장서서 실천해 간 리더였다. 그분의 이런 리더십을 나름대로 정리한다면 서너 가지 정도로 요약할 수 있을 것 같다.

첫째, '집중'이다.

목사님과 두터운 친분을 쌓으셨던 이동원 목사님은 마지막 위로예배 때 옥 목사님을 회고하면서 그분을 '동굴의 우두머리'라고 표현했다. 적절한 표현이라고 생각한다. 초기 제자훈련부터 나중에 교회갱신운동에 이르기까지 목사님은 오로지 한 우물만 파는 사역자였다. 그동안 많은 곳에서 강의를 부탁해 왔지만 목사님은 그런 요청을 대부분 거절하셨다. 그분의 관심사는 오직 하나, 교회였다. 목회의 초창기에는 오직 사랑의교회에만 무섭도록 집중했다. 어느 시점이 지난 뒤에는 제자훈련을 하는 목회자들에게 집중했다. 그리고 사역의 마지막 시점에서는 교회의 갱신에 집중했다. 그의 사역 스타일을 놓고 어떤 사람은 예배당을 지하에 건축하더니 두더지처럼 밖으로 나오지를 않는다고 했다.

옥 목사님의 이런 스타일은 국제제자훈련원에도 그대로 드러난다. 국제제자훈련원의 운영을 나에게 맡긴 옥 목사님은 별다른 간섭을 하지 않았다. 다만, 한 가지 늘 요청한 것은 일을 벌이지 말라는 것이었다. 제자훈련, 그 하나의 이슈에만 집중해 달라는 것이었다. 훈련원의 사역이 확장되면서 제자훈련의 초점이 흐려진다 싶으면 영락없이 나를 다그치셨다. 국제제자훈련원이 여러 가지 다양한 물건을 파는 백화점이 아니라 설렁탕 한 가지만 파는 전문점이 되어야 한다는 말씀이다.

둘째, '팀 사역'이다.

앞서 말한 것처럼 목사님은 '열린 커뮤니케이터'였다. 누구와도 대화할 수 있는 사역자였다. 그래서 팀 사역을 탁월하게 잘했다. 특정한 분야에 사람을 세우면 전적으로 그 사람을 신뢰했다. 사랑의교회 초기 시절, 주일학교 사역도 전문가를 세워 거의 일임하다시피 했고, 훈련원 사역도 나와 동역자들을 엮어 놓고는 완전히 우리에게 맡겨 버렸다.

흔히 알고 있듯이 팀 사역의 핵심은 프로젝트가 아니다. 바로 사람이다. 옥 목사님은 부목사들과 나이 차이가 많았음에도 불구하고 항상 그들의 이야기를 귀담아 들었다. 대개의 경우, 옥 목사님 정도의 나이가 되면 사고가 경직되고 권위를 내세우기 쉽지만, 목사님은 달랐다. 후배들의 이야기를 상당히 귀 기울여 들어 주었다. 물론, 서로 입장과 생각이 다른 경우도 많았다.

1989년 남한강 수련원에서 교역자 수련회가 열렸을 때의 일이다. 당시 정치적인 상황은 노태우 후보와 김영삼 후보가 대통령 선거를 앞두고 있었다. 수련회 저녁 시간에 교역자들이 모여 토론을 하는 과정에서 우연히 정치 이야기가 나왔다. 옥 목사님은 전통적인 여당을 지지했다. 그런데 부교역자들은 모두 야당을 지지하는 세력이었다. 선거 이야기가 나오면서 옥 목사님과 부교역자들의 입장이 서로 갈렸다.

옥 목사님은 기성세대를 대표하는 입장이었다. 무엇보다 안정이 중요하다는 논리였다. 당시 수련회에는 부교역자가 30여 명 참석했는데, 1대 30으로 갈려 정치적 공방이 이어졌다. 한참 뜨거운 논쟁이 이어지다 결국 옥 목사님이 화를 내며 자리를 박차고 일어섰다. 옥 목사님은 자리를 떠나면서 "너희들 그렇게 안 봤는데…" 하면서 서운한 심정을 그대로 드러냈다.

하지만 옥 목사님은 말 그대로 열린 커뮤니케이터였다. 그날 주고받았던 이야기들을 이후 혼자 곰곰이 되새기며 오랫동안 생각하셨던 게 틀림없다. 정작 선거가 실시될 때 옥 목사님은 부교역자들의 입장을 따랐던 것이다.

그렇다고 옥 목사님이 줏대가 없는 사람이라는 이야기가 아니다. 옥 목사님은 어떤 사안을 놓고 이야기할 때 결코 허투루 말을 꺼내지 않으셨다. 본인 나름대로 그 문제에 대해 꼼꼼히 생각해 보고 논리를 세워 의견을 제시하는 사람이었다. 치밀한 분이었다. 그래서 먼저 자신의 생각을 나름대로 정리한 다음에야 비로소 이야기를 꺼내곤 했다.

그런데 그렇게 의견을 제시했을 때도 상대방이 반대하면 그 의견을 존중했다. 그리고 시간을 갖고 상대방의 의견을 검토하는 과정을 꼭 거쳤다. 서로 의견이 맞서면 논쟁이 벌어질 수밖에 없고 그런 과정에서 때로는 서로 상처를 주고받을 수도 있다. 그렇게 마음에 상처를 받으면 자신의 의견을 굽힌다는 것이 여간 쉽지 않은 일이다. 그런데도 목사님은 하루나 이틀 동안 다시 생각해 보고 자신이 틀렸다고 판단될 때는 언제든지 "내가 잘못 생각했다"고 말할 수 있는 용기를 지닌 분이었다. 그래서 부교역자들을 찾아와서는 "내가 곰곰이 생각해 봤는데 너희들 말이 옳다"며 당신이 이미 내린 결정을 뒤집으시기도 하셨다.

그래서 옥 목사님과 함께 일하는 사역자들은 기계적으로 옥 목사님이 시키는 대로만 움직이지 않았다. 스스로 생각하고 판단해 가면서 자율적으로 일했다. 그리고 자신이 옳다고 확신하면 목사님과 대화를 하면서 방향을 조정해 갔다. 그리고 그것이 바로 옥 목사님이 원하는 방식이었다. 목사님은 시키는 대로만 움직이는 사람을 좋아하지 않았다.

사실 나는 상당히 '반골 기질'을 갖고 있는 사람이다. 다른 사람의 의견에 맞춰 가며 일하거나 시키는 대로 일하지 못하는 성격이다. 어떻게 보면 까다롭고 모난 성격이다. 그럼에도 불구하고 옥 목사님과 30여 년을 동역할 수 있었던 것은 전적으로 목사님 덕분이었다. 옥 목사님이 열린 커뮤니케이터가 아니었다면 아마도 벌써 관계가 틀어지고 말았을 것이다.

옥 목사님과 동역한다는 것은 언제나 내 의견을 제시할 수 있다는 의미였고, 수동적으로 목사님의 일을 대신하는 것이 아니라 사역의 주도권을 갖고 '내 일'을 할 수 있다는 의미였다. 목사님과 동역하던 30여 년 동안 나는 늘 '주인의식'(ownership)을 갖고 일할 수 있었다. 그것은 목사님이 동역자들에게 그런 권한을 위임하고 적극적으로 동역자들의 주인의식을 보호해 주지 않았다면 불가능한 일이었다. 옥 목사님의 진정한 리더십은 바로 여기서 나왔다.

셋째, '비전'이다.

다른 사람들은 어떻게 생각할지 모르지만, 내가 지켜본 옥 목사님은 결코 '긍정론자'가 아니었다. 대개의 경우 성공한 리더들을 보면 미래에 대한 강한 긍정론과 지칠 줄 모르는 열정을 갖고 쉼 없이 달려가는 사람들이 많다. 그런 사람들에 비춰 볼 때 옥 목사님은 오히려 '비관론자'에 가까웠다. 사

"

목사님에게 있어서 그것은 바로 '은혜'다.
비관적이고 절망적인 현실이
희망적이고 긍정적인 미래로 연결되는 코드는
다름 아닌 하나님의 은혜다.

"

회를 보는 눈도 결코 희망적이지 않았다. 오히려 날카롭고 비판적이었다. 그렇다고 염세적인 것은 분명 아니었다. 세상을 보는 눈은 날카롭고 비판적이었지만 결코 희망의 끈을 놓지는 않았다. 굳이 이름을 붙인다면 '비관론적 낙관주의자'였다.

통상적으로 목사님의 설교를 보면, 설교 서두의 현실 인식은 날카롭고 비관적이다. 사회의 아픈 부분과 모순을 가감 없이 그대로 다 드러낸다. 한국 교회의 모습을 이야기할 때도 마찬가지다. 부족하고 모자란 부분을 숨기지 않고 그대로 적시한다. 하지만 결론 부분은 늘 희망으로 마무리된다. 낙관적인 미래 전망이 결론이다. 어떻게 그것이 가능할까? 이처럼 절망적이고 비관적인 현실 속에서 어떻게 긍정적이고 희망적인 미래 인식이 가능한 것일까?

목사님에게 있어서 그것은 바로 '은혜'다. 비관적이고 절망적인 현실이 희망적이고 긍정적인 미래로 연결되는 코드는 다름 아닌 하나님의 은혜다. 비관적인 현실 속에서 소망을 품을 수 있는 유일한 근거는 바로 하나님의 은혜인 것이다. 그런 면에서 옥한흠 목사님은 그야말로 은혜를 곱씹으며 살았던 사람이다. 하나님의 은혜가 우리에게 임하면 우리는 비로소 소망을 품을 수 있다. 그것이 옥 목사님의 긍정론이자 낙관론의 근거였다. 목사님의 첫 손녀의 이름이 '은혜'인 것은 그래서 지극히 당연한 일이다.

목사님이 늘 마음속에 품고 있는 단어는 은혜였다. 목사님은 동역자들에게도 현상을 바라볼 때는 있는 그대로의 현실을 직시하도록 가르쳤다. 사회과학적인 방법론도 적용시켰다. 그래서 인식 자체는 늘 비관적일 수밖에 없었다. 하지만 거기에 은혜와 복음이 겹쳐지면 우리는 다시 소망할 수 있고 희망을 가질 수 있었다. 목사님은 그런 비전을 제시했고, 그런 비전을 통해 우리를 이끌었다.

마지막으로 또 하나, 목사님의 개인적인 측면에서 이야기하자면, '꼼꼼함' 혹은 '치밀함'이다. 사실 옥 목사님은 1989년 아프기 전까지는 대단한 완벽주의자였다. 그래서 주위 사람들의 실수를 잘 용납하지 못했다. 지금도 기억에 생생하지만, 내가 목사님에게 눈물 쏙 빠지도록 야단을 맞은 적이 있었다. 칼 세미나가 시작되고 얼마 안 된 때였다.

옥 목사님은 세미나 초기부터 고정된 강의안이 없었다. 세미나를 할 때마다 내용이 달라졌다. 세미나를 한 번 하면 자신의 강의안을 가지고 끊임없이 고민하고 또 고민했다. 그러다 보니 그 고민의 결과물이 다음 번 세미나 때 나타나는 식이었다. 그래서 항상 내용이 달라지고 새로워졌다.

그러다 한번은 목사님이 말로만 강의할 것이 아니라 OHP를 통해 도표와 자료를 보여 주면서 강의를 했으면 좋겠다고 말씀하셨다. 그래서 내가 목사님의 강의안을 가지고 도표를 만들고 일러스트도 넣어서 밤새 OHP 자료를 만들었다. 그런데 시간 계산을 잘못했다. 밤을 새며 만들었는데도 제대로 시간을 맞추지 못했다. 다급히 마무리를 짓다 보니 순서가 뒤죽박죽 뒤엉켜 버렸다. 덕분에 목사님까지 강의가 뒤엉켜 버리고 말았다. 그다음은 상상이 갈 것이다. 강의를 끝내고 내려온 목사님에게 정말 혼쭐이 났다. 눈물이 쏙 빠질 정도로 야단을 맞았다. 목사님은 여간해서는 사람을 야단치는 일이 없지만 한번 혼을 내면 정말 무서웠다. 눈물 콧물을 다흘리며 야단을 맞았다.

하지만 그렇다고 그 일을 다시 문제 삼는 법은 없었다. 흔히 하는 말로 '뒤끝'이 없었다. 한 번 혼낸 일을 절대로 다시 들추는 법이 없었다. 그래서 목사님과 함께 일을 하면서 혼나거나 지적을 받는 사람은 있어도 결코 기죽는 사람은 없었다. 쉽게 말해 고치면 되었다. 혼날 때는 힘들고 마음이 무거울지라도 그것 때문에 죄인으로 살아가지는 않도록 만드셨다. 지금도 그때 야단맞던 기억이 생생하다.

그런데 1989년 한 차례 심하게 아프면서부터 목사님은 거의 1년을 폐인처럼 지냈다. 그러고 나서 강단에 올라 첫 번째 설교한 내용이 '로마서'였다. 목사님은 로마서 강해에 이어 욥기를 강해했다. 이 로마서와 욥기 강해는 목사님이 개인적으로 엄청나게 힘든 과정과 시간을 거친 후에 나온 설교였다. 목사님이 그렇게 아픈 다음 해인 1990년, 나를 처음 만났을 때 처음으로 하신 말씀이 "명호야, 넌 괜찮으냐?"였다. 그때까지는 목사님과 그런 대화를 나눠 본 적이 없었다. 아프시고 난 후부터는 사람의 연약함이나 부족함을 수용하고 끌어안는 모습이 부쩍 많아졌다.

그렇지만 꼼꼼하고 치밀한 개인적인 성향은 여전했다. 그런 성향은 사역뿐만 아니라 개인적인 취미생활에서도 그대로 드러났다. 아프고 난 후 목사님은 의사의 권유로 사진을 찍기 시작했다. 다른 사람에게 배우지 않고 혼자서 사진을 익혔다. 목사님은 카메라 매뉴얼을 갖다 놓고 완벽하게 이해한 뒤에 비로소 카메라를 잡고 사진을 찍기 시작했다. 먼저 이론을 완벽하게 학습한 뒤에 비로소 실기에 나서는 것이 목사님의 스타일이었다. 사역도 마찬가지였다. 먼저 이론부터 철저히 익힌 후 그다음에 뭔가를 시작했다. 목사님의 사진은 철저하게 계산된 사진이었다. 사진기의 프레임 안에서 구도와 빛의 방향 및 모든 것이 다 맞춰져야만 비로소 셔터를 눌렀다. 그전까지는 그렇게 맞아떨어질 때까지 기다리는 스타일이었다. 대단한 완벽주의자인 것이다.

내 인생의
사람들

요즘 목회자의 세계는 은혜가 점점 메말라 간다. 물론 간혹 어떤 목회자는 멋도 모르고 제자훈련이 좋아서 하다가 오히려 은혜 받는 사람도 있다. 그런데 그렇게 안 되는 경우가 더 많다. 목회자는 어떤 형식으로든 먼저 은혜를 받아야 한다. 목회자가 뜨거운 마음을 가지고 제자훈련을 인도해야지, 서툰 입을 가지고 할 수는 없다.

- '제자훈련에 실패하지 않으려면 은혜와 소명, 은사를 점검하라' 중에서
(「디사이플」 2008년 1월호)

　　　　　　한 인간이 일생 동안 만나는 사람은 몇 명이나 될까? 과연 내가 만났던 사람은 몇 명이나 될까? 여러분은 자신이 만났던 사람이 몇 명이나 되는지 기억이나 할 수 있는가? 그 숫자를 정확히 헤아리기는 어렵지만, 우리는 살아가면서 수많은 사람을 만난다. 나 역시 대단히 많은 사람을 만났다. 교회에서 만난 사람들, 훈련원에서 만난 사람들, 학교에서 만난 사람들, 친구들, 친척들…. 하지만 그 가운데 '내 인생의 사람들'이라고 말할 수 있는 사람은 몇 명이나 될까? 내 삶에 중요한 영향을 미친 사람들, 지금의 내가 존재할 수 있도록 토대가 되어 준 사람들, 아마도 그 숫자는 손으로 꼽을 만큼 적을 것이다.

　나에게는 그런 사람이 네 명 있다. 바로 나의 아버지와 옥한흠 목사님, 그리고 파이디온선교회의 양승헌 목사와 트리니티 신학교의 테드 워드 교수다. 이들 가운데 개인적으로 나에게 가장 큰 영향을 미쳤던 사람은 아버지다. 나는 가장 존경하는 사람이 누구냐는 질문을 받으면 스스럼없이 '아버지'

라고 대답한다. 나는 아버지의 목회와 삶을 일정 부분 공유했다. 그러면서 삶이 무엇인지 배웠고, 신앙이 무엇인지 배웠고, 슬픔과 기쁨이 무엇인지, 한 인간으로서 나의 정체성이 무엇인지를 배웠다. 그분은 나의 아버지였고, 나와 같은 목회자였으며, 신실한 신앙인이었고, 나와 같은 한 남성이었다.

내가 기억하는 아버지는 대단히 강직한 분이었다. 세상이나 불의와 절대 타협하지 않고 자신의 신앙을 지키려고 애썼던, 신앙인이자 목회자였다. 나는 그분에게 인생의 굴곡과 슬픔, 그리고 그 속에서도 결코 굽힐 수 없는 신앙의 지조와 고통, 그리고 그로 인한 행복을 배웠다. 비록 내가 26세 되던 해 일찍 세상을 떠나셔서 마음을 터놓고 오랫동안 대화를 나눌 수는 없었지만, 아버지는 내게 긍지를 심어 주셨고 영감이 되어 주셨다.

아버지는 강직했지만 지혜롭고 온유한 분이셨다. 지금도 기억나는 어린 시절의 에피소드가 하나 있다. 내가 초등학생 때였던 것으로 기억하는데, 나는 문을 여느라 낑낑대고 있었다. 집안에 있던 미닫이 문이었는데, 잘 열리던 문이 그날따라 영 움직이지를 않았다. 아무리 힘을 써서 밀어도 문은 꿈쩍도 하지 않았다. 어린 나는 그걸 힘으로 해결하려고 했다. 얼굴이 벌개지도록 힘을 주며 문을 옆으로 밀었는데도 문은 그런 나를 비웃기라도 하는 듯 버티고 있었다.

아버지는 멀찍이서 그런 나를 지켜보고 있었다. 아버지가 바로 달려와서 도와주지 않고 지켜보고 계셨던 데에는 나름 대로 뜻이 있으셨기 때문이라는 것을 성인이 된 지금에서야 나는 이해한다. 그렇게 헛된 힘을 쓰고 있는 나를 한참 바라보고만 있던 아버지는 내가 문 열기를 거의 포기할 즈음 가까이 와서 이렇게 말했다.

"명호야, 문이 안 열리니?"

"네, 도대체 이 문이 왜 이러는지 잘 모르겠어요. 다른 때는 잘 열렸는데…."

"명호야, 문은 무조건 힘을 준다고 열리는 것은 아니란다. 문이 안 열릴 때는 반드시 안 열리는 이유가 있는 거란다."

그러면서 아버지는 미닫이문이 왔다갔다하는 아랫부분과 윗부분을 자세히 살펴보시더니 미닫이문의 위쪽 한 부분을 손으로 톡톡 쳤다. 그러고는 내게 다시 문을 열어 보라고 했다. 그런데 정말 신기한 일이 벌어졌다. 그렇게 힘을 줘도 열리지 않던 문이 슬쩍 밀었는데도 드르륵 하며 열렸다. 나는 그만 입이 쩍 벌어졌다. 도대체 아버지가 무슨 마술이라도 부린 것일까? 신기해하는 나를 빙그레 웃으며 바라보던 아버지는 이렇게 말씀하셨다.

"명호야, 세상일도 그 문과 같은 거란다. 무조건 힘으로 민다고 다 해결되지는 않는단다. 때로는 참고 기다리고, 때로는 무엇이 문제인지 정확한 원인을 찾아야 할 때도 있단다. 네가 크면 그런 것들을 스스로 알 수 있게 될 게다."

아버지는 목회를 하실 때도 모든 일을 당신이 직접 하셨다. 손재주가 좋으셔서 교회를 지을 때도 본당의 장의자를 일일이 깎고 맞추고 대패질을 해서 직접 만드셨다. 당신의 땀과 노력과 애정을 쏟아 교회를 짓고 목양을 했다. 그럼에도 불구하고 쉽게 타협하지 못하는 강직함 때문에 고통을 많이 겪었다. 나는 그런 아버지가 때로는 존경스럽고 때로는 안타깝고 때로는 측은했다.

내가 26세였을 때 아버지는 이미 66세이셨다. 그때 아버지는 은퇴하고 싶어하셨다. 말년 목회가 너무 힘드셨던 것이다. 하지만 아버지가 은퇴하면 우리 집은 아무런 대안이 없었다. 당장 경제적인 어려움에 봉착할 것은 불을 보듯 뻔했다. 그런 아버지에게 나는 "조금만 기다려 주세요, 제가 제대하면 아버지 목회를 도와 드릴 게요"라고 말씀드렸다. 하지만 아버지는 이미 지칠 대로 지쳐 있었다. 더 이상 나를 기다릴 여력이 없으셨던 것이다.

1985년 겨울, 크리스마스가 지나자마자 제대한 나는 서둘러 결혼을 했다. 내 입장에서 결혼을 서두를 이유는 없었지만, 지금의 아내는 나와 동갑으로 결혼 적령기였다. 게다가 아버지의 건강은 눈에 띄게 악화되었다. 마흔 살이나 차이

나는 아버지에게 손자라도 안겨 드리려면 결혼을 서두르는 편이 좋겠다고 여겼다. 그래서 첫 칼 세미나를 마치는 다음 주로 결혼식 날짜를 잡았다.

아버지는 내가 결혼을 하기 바로 전해 가을, 고혈압으로 쓰러지셨다. 병원에 입원하셨지만 치료를 잘 받고 정상으로 회복하셨다. 나는 그런 아버지의 모습을 보면서 내심 안도했다. 그런데 나의 결혼을 앞두고 아버지는 갑자기 같은 노회 소속 미자립 교회들을 순회 방문하기 시작하셨다. 일정을 정해서 시골 교회들을 돌아다니며 후배 목회자들을 격려하고 기도도 해주셨다. 아들의 결혼식 날에는, 그날 참석한 당신의 지인들에게 일일이 다 인사를 하셨다.

당시는 몰랐지만, 아버지는 그때 이미 당신의 죽음을 예감하고 있었는지도 몰랐다. 같은 노회 소속 후배 목사들을 다 만나 기도하고 격려해 주고, 내 결혼식장에서는 하객들과 일일이 다 인사를 나누시고, 그 모든 것이 그냥 아무 의미 없는 일처럼 느껴지지 않는다. 어쨌든 아버지는 돌아가시기 전, 만나야 할 사람은 모두 만나고 돌아가셨다.

나는 서울에 한 허름한 쪽방을 빌려 신혼 생활을 시작했다. 말이 신혼이지 당시의 그 궁색함은 이루 말할 수가 없었다. 부엌이 따로 없어 베란다처럼 된 곳을 부엌으로 사용하고 세탁기는 방에 둔 채 물이 빠지는 호스만 방 밖으로 빼낸 형편이었다.

그렇게 신혼살림을 시작한 지 일주일 정도 지난 어느 날 밤, 갑자기 본가에서 전화가 걸려 왔다. 나는 가슴이 철렁 내려앉았다. 어머니는 아버지가 위독하셔서 급히 서울에 있는 경희대병원으로 옮긴다는 말을 황급하게 전하고는 전화를 끊었다. 병원으로 달려가는 내내 나는 머릿속이 텅 비어 아무런 생각도 할 수 없었다. 불안한 마음에 심장이 옥죄는 듯한 통증이 계속되었다.

병원에 도착했을 때 아버지는 혼수상태였다. 그렇게 정신이 없는 상황에서도 아버지는 자신의 옷을 여미기에 바빴다. 주말이어서 인턴들이 자리를 지켰고 아버지는 변변한 의료 조치조차 제대로 받지 못하고 소천하셨다. 나는 장남이었지만 아버지와 따뜻한 말 한마디, 눈인사 한 번 제대로 나누지 못한 채 당신을 하나님 곁으로 보내 드리고 말았다. 허망했다. 나의 결혼식은 결혼한 지 보름 만에 곧바로 아버지의 장례식으로 이어졌다. 황망하고 아득한 시간들이었다.

아버지 외에 내 인생의 사람으로 꼽을 수 있는 사람은 역시 옥한흠 목사님이다. 하지만 목사님에 대한 이야기는 많이 했기 때문에 이 부분에서는 생략하기로 한다.

옥 목사님 다음으로 내가 꼽을 수 있는 사람은 파이디온선교회의 양승헌 목사다. 양 목사님은 내가 대학생 때부터 참여했던 파이디온선교회 선배들 가운데 한 명이다. 그때 양 목사를 비롯해 당시 함께 사역하던 선배들을 통해 나의 복음주의적 신앙관이 세워졌다.

내가 총신대학교를 다니던 때는 사회적으로 어둡고 혼란스러운 시절이었다. 내가 총신대학교에 입학했을 때 나를 사로잡았던 사람들은 좌파적 성향이 강한 사람들이었다. 그때 내가 가장 감동 깊게 읽었던 책이 바로 『해방전후사의 인식』이었다. 자연스럽게 반정부 시위에 참여하게 되었고, 사회적인 문제와 맞물려 학내 사태가 심각하게 진행되면서 나는 시위에 앞장섰다. 아마도 그 상태로 계속 갔다면 지금쯤 나는 전혀 다른 삶을 살고 있을지도 모른다.

하지만 그런 상황에서 큐티가 무엇인지 알려 주고, 말씀 안에서 경건한 신앙생활을 할 수 있도록 이끌어 주었던 곳이 바로 파이디온선교회였다. 그곳에서 선배들과 함께 낙도, 오지 전도 사역에 참여할 기회가 주어졌는데, 그런 시간을 통해 나는 복음에 대한 열정을 계속해서 유지할 수 있었다. 비록 사회를 향한 비판적인 시각을 갖고 있었지만, 그럼에도 불구하고 더 튀어 나가지 않고 복음주의권 속에 머물 수 있도록 잡아 주었던 곳이 바로 파이디온선교회와 그곳의 선배들이었던 것이다.

마지막으로 내가 꼽을 수 있는 내 인생의 사람은 트리니티 신학교에서 만났던 테드 워드 교수다. 테드 워드 교수는 내게 교육학이란 학문의 길을 열어 주었다. 그리고 선교학적 관점과 교육학적 관점을 통합시킬 수 있는 방법론을 보여 주었다. 테드 워드 교수는, 단일 문화권의 획일화된 교회 안에서 확립된 내 신앙적 관점을 다양한 세계적인 시각과 만나게 해 주었다. 트리니티 신학교는 그런 곳이었다.

나는 테드 워드 교수로부터 학문을 한다는 것이 무엇인지 배웠고, 사회과학적인 도구를 이용해 연구하는 방법론과, 다양한 형태의 교육적 방법론에 눈을 뜨게 되었다. 특히 중요한 점은 '넌포멀 에듀케이션'(nonformal education), 즉 비형식적 교육에 대해 인식하게 되었다는 것이다.

교육은 세 가지 형태가 있다. 하나는 '포멀 에듀케이션'(formal education)이라 불리는 제도권 교육이다. 학교나 각종 교육기관에서 받는 교육들이 다 여기에 속한다. 또 하나는 '인포멀 에듀케이션'(informal education), 쉽게 말해 우리가 인간관계 속에서 배우는 것들이다. 이것은 제도권 교육과는 달리 특별한 형식이 없는 교육으로 부모나 친구, 멘토 등을 통해 이루어지는 교육이다. 우리는 이런 인포멀 에듀케이션을 통해 가장 큰 영향을 받는다. 마지막 세 번째가 '넌포멀 에듀케이션'이다. 내가 필요해서 받는 교육으로, 세미나나 각종 워크숍 등이 여기에 포함된다. 특히 넌포멀은 내가 필요해서 받는 교육이기 때문에 그만큼 집중도와 몰입도가 높다.

우리는 지금까지 교육을 이야기할 때 주로 포멀과 인포멀 에듀케이션만을 집중적으로 이야기해 왔다. 상대적으로 넌포멀 에듀케이션은 잘 드러나지 않고 이에 대한 이해도도 낮았다. 테드워드 교수가 내게 가르쳐 준 것은 바로 이 넌포멀 에듀케이션이었고, 국제제자훈련원 안에서 이루어지는 모든 것은 이 넌포멀 에듀케이션에 속하는 것들이었다. 나는 테드워드 교수를 통해 훈련원의 사역이 이 넌포멀 에듀케이션의 범주 안에서 어떻게 이해되어야 하고, 교육학적인 측면에서 그 사역들을 어떻게 분석하고 접근해야 하는지를 통찰할 수 있게 되었던 것이다.

사직서

멘토링은 사회에서 중요하게 사용되는 학습 방법으로서, 멘티
는 멘토 옆에서 수년을 보내면서 단지 기능적인 기술만을 익히
는 것이 아니라 그것을 감싸고 있는 '삶의 길'을 배운다.

— 고든 맥도날드

'사직서', 참으로 쓸쓸한 단어다. 이 단어가 갖고 있는 쓸쓸함과 허전함과 공허함은 사람을 맥빠지게 한다. 더욱이 한곳에서 오래 일했던 사람일수록 가슴에 남는 여운은 깊고 아프다. 2009년 12월, 나는 거의 25년간 사역해 왔던 국제제자훈련원에 사직서를 제출했다. 내 첫 사역지이자 내 삶의 전반부를 모두 바친 일터였다. 결코 쉽지 않은 결정이었다. 1981년 사역을 시작할 즈음 나는 풋풋한 청년 대학생이었다. 내 젊음의 대부분을 훈련원에서 보내고 이미 나는 50대를 바라보고 있었다. 칼 세미나가 시작된 것이 1986년이었으니 나는 25년의 세월을 칼 세미나를 좇아 다니며 보낸 셈이었다.

사람마다 다르겠지만, 나는 '쉰'이란 나이를 앞두고 뭔가 심리적으로 쫓기는 마음이 들기 시작했다. 사역의 잘잘못을 떠나 뭔가 내 인생을 한 번은 정리하고 싶은 마음이 들기 시작했던 것이다. 국제제자훈련원이 사역기관으로 자리를 잡으면서, 스태프들과 동역한 지도 벌써 10여 년이 넘었다. 어떤 형태로든 그들에게 새로운 기회를 제공하고 싶었다. 하지만 내가 버티고 있으면 어려운 일이었다. 나는 그들에게 길을 열어 주고 싶었다. 또 개인적으로도 뭔가 새로운 일을 시작한다면 지금이 적기가 아닐까 하는 생각이 들었다. 하나님이 새로운 기회를 주신다고 해도 쉰이 넘으면 시작하는 것 자체가 힘들지 않을까 하는 조급함도 생겼다. 지금이 마지막 기회 같았다.

오랜 시간 훈련원 사역을 해왔기 때문에 나로 인한 공백도 문제가 될 수 있었다. 아직 옥 목사님이 기력이 있을 때 상의하는 것이 옳으리라는 생각도 한몫 거들었다. 새로운 교회를 개척하든지, 아니면 목회자들을 돕는 사역 단체를 시작하든지, 뭔가 새로운 일을 하고 싶었다. 지금까지는 제자훈련을 통해 다른 교회의 사역을 도왔지만, 내가 직접 목회 현장에서 그동안 배우고 연구해 온 제자훈련을 실천해 보고 싶은 생각도 있었다. 많은 시간을 고민하다 옥 목사님을 만났다.

옥 목사님의 반응은 예상대로였다.

"도대체 그게 뭔 소리냐?"

옥 목사님은 내 이야기를 듣자마자 펄쩍 뛰셨다.

"지금 해야 할 일이 얼마나 많은데 그만둔다는 소리냐? 말도 안 되는 소리는 하지도 말아라!"

하지만 나는 뜻을 굽히지 않았다. 차근차근 내 생각과 감정과 계획들을 말씀 드렸다. 아무 말 없이 계속해서 내 이야기를 듣던 목사님은 한풀 꺾인 듯 그저 생각해 보자고만 대답하셨다.

그후 목사님은 시간을 두고 내 말을 곰곰이 생각해 보신 모양이었다. 연말쯤 되어 나를 부르시더니 "정 네 뜻이 그렇다면 한번 새로운 일을 해보라"며 허락해 주셨다. 옥 목사님은 현재 사랑의교회 담임인 오정현 목사와 상의해서 결정을 지으라고 말씀하셨다.

그렇게 이야기를 끝내고 옥 목사님 방을 나오는데 목사님이 내 뒤에 대고 이렇게 말했다.

"너하고 내가 지금까지 함께 일을 해 온 게 30년인데, 그 30년의 인연이 칼로 무 베듯 그렇게 쉽게 정리되겠냐? 정말 그렇게 호락호락 정리되겠냐?"

나는 뭐라고 대답을 해야 할지 생각이 나질 않았다. 나는 문을 연 채 잠시 서 있다가 묵묵히 방을 나왔다.

목사님 방을 나온 나는 오정현 목사를 찾아갔다. 옥 목사님께 말씀을 드려 허락을 얻었으니 사직을 허락해 달라고 말했다. 그러나 오정현 목사는 한동안 아무런 말도 없었다. 그저 침묵할 뿐이었다. 어색한 침묵이 방안을 메웠다. 그렇게 아무 말 없이 앉아 있던 오정현 목사는 지금 나가면 안 된다는 한마디 말만 하고는 입을 다물었다. 대화가 불가능했다. 어쩔 수 없이 나는 그냥 오 목사의 방을 나왔다.

그날 이후 나는 내 뜻을 분명하게 전달하기 위해 교역자 모임에 나가지 않았다. 그리고 업무를 인수인계하기 시작했다. 답답하고 애매한 시간이 느리게 흐르기 시작했다. 그날 이후 오정현 목사로부터는 아무런 연락도 없었다. 그렇게 한 달이 흘렀다. 답답했다. 이런 상황이 계속될 거라면 뭔가 대안이 필요했다. 사표가 수리될 때까지 계속 기다려야 한다면 차라리 안식년을 받는 게 낫겠다는 생각이 들었다. 나는 안식년을 얻어 미국으로 나가기로 했다.

다시 오정현 목사를 찾아갔다. 일단 미국에 나가 지금까지 진행했던 사역에 대해 생각해 보고 영성을 회복하는 시간도 갖고 싶다고 말했다. 오정현 목사는 흔쾌히 허락했다. 나는 그렇게 안식년을 얻어 출국 준비를 시작했다.

그런데 마음이 영 편치를 않았다. 사표를 냈지만 허락을 얻지 못했고, 그렇다고 새로운 일을 시작할 수 있는 것도 아니고, 이도 저도 아닌 상태에서 안식년을 얻어 미국으로 나가려니 가슴이 말할 수 없이 답답했다. 미래는 불투명하고 상황은 막막했다.

밤에 잠자리에 누워도 잠이 오질 않았다. 이런저런 잡념이 밀물처럼 밀려왔다가 썰물처럼 빠져나갔다. 마음이 하루에도 열두 번씩 뒤바뀌었다. 잠도 제대로 못 자고 고민만 하면서 짐을 꾸리려니 계속 혈압이 올랐다. 아무래도 몸이 이상해서 병원에 갔더니 혈압 수치가 180에 육박해 있었다. 의사는 혈압약을 먹어야 한다며 진단서를 써 주었다. 건강이 급속도로 악화되었다. 엎친 데 덮친 격이라고 할까? 아내까지 부정맥과 갑상선 기능 항진증으로 힘들어했다. 집안의 공기가 무겁고 탁했다.

그렇게 여러모로 편치 않은 상황에서 안식년이 시작되었다. 미국에서 거주할 곳을 정하고 짐을 풀었다. 잠시 한숨을 돌린 후에 옥 목사님에게 편지를 썼다. 그 사이 3주라는 시간이 훌쩍 지났다. 달력을 보니 다음 주가 3월 칼 세미나 기간이었다. 훈련원의 동역자들이 떠올랐다. 지금쯤 그들은 정신없이 바쁜 시간을 보내고 있을 터였다. 그렇게 손이 모자랄 시간에 혼자 미국에 와 있으려니 마음이 말할 수 없이 불편했다. 그런 심경을 메일에 담았다.

'다음 주에 칼 세미나가 있어 많이 바쁘실 텐데 이렇게 멀리 떨어져 있어서 미안합니다. 거주지를 결정하고 아파트를 구했습니다. 막내 하림이가 고등학교에 잘 정착해야 될 텐데, 걱정입니다.'

그런 이야기들을 하면서 내 마음속의 이야기를 풀었다.

'제가 지금까지 훈련원 대표로 사역할 수 있었던 것은 목사님께서 베푸신 과분한 은혜 덕분이라고 생각합니다. 온실과도 같은 환경을 떠나 새로운 사역을 시작하려니 두렵기도 하고 기대도 됩니다. 목사님께 배운 제자훈련 사역을 미국에서 새롭게 펼쳐 보고 싶습니다. 미국에 있는 동안 기도하면서 하나님의 선한 인도하심을 기대하려고 합니다. 제가 없더라도 부디 훈련원의 사역들을 잘 감당해 주시길 바랍니다.'

이런 내용들을 담은 메일이었다.

메일을 보낸 후 곧바로 답장이 왔다. 답장에서는 목사님의 따뜻한 정과 답답한 현실이 피부로 전달돼 왔다. 내용은 대충 이랬다.

'네가 어디로 멀리 떠난 기분이 드는구나. 그동안 너무 분주해서 간격을 좁히기 힘들었던 주님과의 거리가 많이 가까워지리라 믿는다. 주님의 인도하시는 손길이 구체적으로 느껴지리라 확신한다. 하프타임에 모처럼 허락 받은 자유와 해방의 시간들을 나름대로 기쁘게 보냈으면 좋겠다. 이번 세미나는 내게 전례 없는 도전이다. 나이도 건강도 가장 좋지 않은 상황에서 치러야 하는 큰일이기 때문이다. 멀리 아프리카에서 세미나를 듣기 위해 날아오는 사람이 있다는 걸 생각하면 숨이 막힐 것 같은 중압감을 느낀다. 그래서 좀 더 열심히 기도해 보려 하는데 몸이 말을 잘 듣지를 않는다. 네가 없는 빈자리가 잘 메워질지 자신이 없다. 그러나 감사할 일도 많

다. 수많은 성도들과 동역자들의 기도가 우렛소리같이 들린
다. 하나님이 특별한 은혜를 준비하시리라 믿는다. 매일 주
안에서 승리하길 빈다. 샬롬.'

목사님의 메일을 읽는데 뜨거운 것이 목구멍을 치밀고 올
라왔다. 컴퓨터 모니터가 흐려졌다. 마음이 아팠다. 어찌 보
면 목사님께 가장 힘든 시간일 수도 있는데 혼자 훌쩍 떠나
와서 제 갈 길 가겠다고 버티고 있는 내 모습이 한없이 부끄
러웠다. 목사님께 너무도 죄송스러웠다. 세미나가 진행되는
동안 훈련원으로 전화를 해봤더니 목사님이 강단에 섰는데
너무 힘들어 보이셨다, 기력이 거의 없어 보이셨다는 말을
들었다. 수화기를 잡은 손에 힘이 빠졌다. 그래도 당장 움직
일 수는 없었다. 일단 떠나온 길이었다. 그렇게 나 자신을 채
찍질하며 로스앤젤레스에 버티고 있었다.

8월 초 오정현 목사가 브라질을 방문했다 귀국하는 길에
로스앤젤레스를 들르기로 했다. 오 목사는 그때 내 문제를
최종 결정해 주겠다고, 내가 한국을 떠나기 전 약속했다. 나
는 그래서 오정현 목사를 기다리고 있었다.

그런데 그때 한국에서 전화가 온 것이다. 그렇게 해서 나
는 한국으로 들어오게 되었고, 병상의 옥 목사님을 마주하게
되었다. 힘들게 호흡을 이어가는 옥 목사님을 바라보며 나

남은 사역은 목사님의 몫이 아니었다.

바로 우리들의 몫이었다.

우리들에게 주어진 과제였다.

목사님이 그동안 피땀을 흘리며

깔아 놓은 사역들은 우리 후배들의 숙제였다.

는 옥 목사님이 은퇴하던 당시를 떠올렸다. 은퇴를 결정하면서 옥 목사님은 내게 이런 말씀을 하셨다. "은퇴를 결정하고도 5~10년은 더 사역할 수 있을 거라는 생각을 했다. 그런데 그때 하나님이 내게 주신 말씀은 '넌 네 할 일을 다 했다'는 것이었다. 그래서 정말로 은퇴하기로 마음을 먹었다."

병실에서 내가 옥 목사님을 바라보며 멍하니 서 있을 때 불현듯 그 말씀이 생생하게 기억났다. 그러자 내 마음속에서 소용돌이치던 미련들이 서서히 사라지기 시작했다. 내 사역과, 내 미래와, 내가 하고 싶었던 일들과, 50이란 나이가 주던 초조함이 썰물처럼 마음에서 빠져나가기 시작했다.

목사님은 당신이 할 일은 이제 다 하셨다고 말했지만 나는 목사님이 좀 더 사역 현장에 남아 있기를 바랐다. 나는 아직 목사님이 필요했다. 하지만 아니었던 모양이다. 하나님의 뜻은 그게 아니었다. 남은 사역은 목사님의 몫이 아니었다. 바로 우리들의 몫이었다. 우리에게 주어진 과제였다. 목사님이 그동안 피땀을 흘리며 깔아 놓은 사역들은 우리 후배들의 숙제였다.

당신의
낡은 구두

나는 이 부부의 이야기를 들으면서 "성직자가 따로 있나? 주님 보시기에는 저런 사람이 진짜 성직자가 아닐까?"라는 생각을 지울 수 없었다. 내가 언제 우울증 환자들을 품고 수년 동안 씨름한 일이 있는가? 자기 돈 써 가면서 충성했는가? 문득 이런 생각이 들었다. 성령께서 나와 같은 성직자를 더 좋아하실까 아니면 저렇게 충성하는 평신도를 더 좋아하실까? 만일 우리가 다 같이 심판대 앞에 선다면 주님께서는 누구 손을 먼저 들어주실까? 솔직히 나는 두렵다. 내가 목사가 되었다는 것이 정말 두렵다.

– 발행인 칼럼 '평신도 성직자?' 중에서(「디사이플」 2006년 3월호)

태풍 곤파스가 북상하고 있었다. 당초의 예상과 달리 한반도로 북상한 곤파스는 중부 내륙지방을 쑥대밭으로 만들어 놓았다. 서울 시내도 태풍 곤파스의 영향으로 강한 비바람에 모든 것이 흔들리고 있었다. 길가의 가로수들은 거대한 바람의 힘을 견디지 못해 뿌리째 뽑혀 나갔다. 하늘에서 쏟아지는 빗줄기는 내린다기보다는 퍼붓는다는 표현이 더 어울렸다. 모든 것이 흔들렸고 모든 것이 젖어 있었다. 그렇게 심란하고 혼란한 아침에 성호 형제로부터 전화가 왔다. 목사님의 시간이 얼마 남지 않은 것 같다는 전언이었다.

나는 서울대병원으로 달려갔다. 집에서 나와 서울대병원으로 가는 길은 처참했다. 거리에는 부러진 가로수 가지들이 나뒹굴고 있었고, 상가의 간판들이 떨어져 흉측한 몰골로 보도를 가로막고 있었다. 서울의 거리는 마치 전쟁터를 연상시켰다. 나는 그 바람과 빗속을 뚫고 간신히 병원에 도착할 수 있었다.

목사님은 내가 도착하고 20분이 채 안 돼 숨을 멈추었다.

길게 마지막 숨을 토해 내시고는 더 이상 호흡을 하지 않으셨다. 오열이 터져 나왔다. 가족들은 흐느꼈고 교우들과 동역자들은 어찌할 바를 몰랐다.

마지막으로 목사님의 임종을 지킨 사람들은 가족과 오정현 목사와 강명옥 전도사, 그리고 몇몇 장로님들이었다. 목사님은 그렇게 영원한 하나님의 품으로 떠나가셨다. 그분은 나의 멘토이자 동역자였고, 친구이자 선생님이었다. 나는 다리에 힘이 풀려 간신히 서 있었다. 밖은 광풍이 휘몰아치고 있었다. 병원 유리창으로는 거센 빗방울들이 쉼 없이 자신의 몸을 때리고는 흘러내렸다.

목사님은 거의 한 달 정도를 중환자실에서 혼수상태로 있었다. 그런 상황이 오래 가지는 못할 것이라고 예상은 하고 있었지만 막상 목사님이 소천하고 나니 아무런 생각도 나질 않았다. 그저 머릿속이 텅 빈 것처럼 아득하기만 했다. 그래서 멍하니 창밖만 바라보고 있었다. 잘 실감이 나질 않았다. 그러면서 갑자기 나 자신이 고아가 된 느낌이 들었다. 그 느낌과 함께 두려움이 엄습했다. 과연 훈련원 사역이 목사님 없이 지속될 수 있을까 하는 의구심이 솟구쳤다.

옥 목사님은 사역뿐만 아니라 나의 개인적인 삶에서도 중요한 위치를 차지하고 있었다. 삶의 고비마다 목사님은 내게 조언을 아끼지 않았고 방향을 제시해 주셨다. 어떻게 보면 오늘의 나는 목사님이 있었기에 가능했다. 합신 교단으로 옮겼던 일, 전문 사역자의 길을 걷게 된 것, 훈련원 사역을 하면서 지치고 탈진되어 갈 때 유학을 갈 수 있게 된 것도 목사님 덕분이었다. 내가 중요한 기로에 설 때마다 목사님의 멘토링은 내게 든든한 버팀목이 되어 주었다. 그런데, 이제는 혼자 서야 했다. 혼자 걸어야 했다. 혼자 일해야 했다. 복잡한 감정들이 가슴속에서 뒤죽박죽 뒤섞였다. 주체할 수 없는 설움과 슬픔이 안에서부터 울컥 쏟아져 나왔다. 나는 종잡을 수 없는 슬픔 속에서 그렇게 몇 달을 보냈다.

그런 가운데도 위로가 있었다. 목사님의 장례식을 치르면서 위로예배를 통해 참으로 많은 은혜를 받았다. 특히 이동원 목사가 위로예배 가운데 주셨던 메시지들이 큰 위로가 되었다. 이동원 목사는 옥 목사님을 세 가지 이미지로 설명했다. 우선은 온 마음을 다해 사랑의교회를 목양했던 양치기, 둘째는 제자훈련의 굴을 파고 그 속에서 광인으로 살아갔던 동굴의 우두머리, 셋째는 한국 교회의 현실을 보며 가슴 아파했던, 한국 교회를 영적으로 깨우기 위해 나팔수처럼 살아갔던 새벽 등대지기.

이 목사는 그렇게 옥 목사님의 모습을 묘사하면서 이제 누가 옥 목사님이 비추던 그 등대의 자리에서 이 시대의 밤바다를 비출 것이냐고 물었다. 그런 도전의 말씀을 들으면서 나는 옥 목사님의 사역과 그 뜻을 이어받아 유지하고 확산시켜 나가는 것이 바로 우리에게 남겨진 몫이라는 사실을 뼈저리게 절감했다. 나는 목사님의 장례식을 치르면서 오정현 목사와 이야기를 나누었다. 그리고 나의 거취 문제는 훈련원으로 복귀하는 것으로 정리가 되었다.

장례식을 준비하고 진행하는 과정이 말처럼 그렇게 쉬운 것은 아니었는데, 그런 일들을 하나하나 치러 가면서 나는 하나님의 은혜를 피부로 느꼈다. 하나님이 옥 목사님의 한 생애를 잘 마무리하고 후배들이 그분의 뜻을 이어받을 수 있도록 장례식을 통해 은혜를 베풀어 주심을 알았다.

나는 목사님이 중환자실에 있는 동안 미리 마음속으로 준비해 둔 것이 몇 가지 있었다. 만약 목사님이 혼수상태에서 회복하지 못하고 결국 소천하시게 되면 내가 해야 할 일이 무엇인가를 놓고 기도했다. 그렇게 기도하는 가운데 하나님이 세 가지 일들을 일깨워 주셨다.

첫째는 다큐멘터리를 제작하는 일이었다. 옥 목사님의 삶과 사역 전체를 조명할 수 있는 영상물을 제작하여 장례식에 참석한 사람들이 그분의 삶을 되돌아볼 수 있도록 하는 작업이 필요했다. 마침 교회에는 옥 목사님의 사역을 늘 옆에서 지켜보면서 영상 사역을 해왔던 안상현 형제가 있었다. 나는 안 형제를 불러 숙제를 주었다. 만약 목사님이 소천하실지도 모르니 목사님의 생애와 사역을 정리하는 다큐멘터리를 준비해 달라고 부탁했다.

다큐멘터리에 들어갈 내레이션을 준비하고 구성안을 만든 게 8월 10일쯤이었다. 그리고 기획안을 확정해서 8월 20일쯤 다큐멘터리를 완성했다. 그 영상물은 장례식 때 20분 정도 분량으로 상영되었다. 그리고 그 이후 내용을 좀 더 보완해서 10월쯤 40분짜리 다큐멘터리로 완성했다. 나름대로 의미 있는 작업이었다.

둘째는 추모집이었다. 옥 목사님과 함께 삶의 일부분을 나누었던 지인들이 참여하여 옥 목사님이 어떤 사람이었는지 회고하는 조촐한 문집이었다. 나는 그 속에 옥 목사님과 동역했던 사람들, 옥 목사님에게 제자훈련을 배웠던 사람들, 지인들을 통해 옥 목사님의 발자취를 담기로 했다. 이 문집은 공식적인 기록물이라기보다는 가까이 지냈던 사람들의 눈을 통해 본 '인간 옥한흠'의 모습을 담기 위한 그릇이었다. 공인 옥한흠이 아니라 때로는 부딪히고, 때로는 격렬한 논쟁을 벌이고, 또 때로는 힘들고 어려운 상황에서 함께 기도하고 눈물을 흘리며 그 상황을 헤쳐 나갔던 지인들의 이야기를 모은 책이었다.

나는 이를 위해 여러 사람들에게 연락을 취하기 시작했다. 그렇게 지인 67명의 글을 받고 모아서 추모집을 냈다. 추모

집은 9월 20일 출간되었다. 소천하신 지 채 한 달이 못 된 시점이었다. 여기에는 대학생 시절 옥 목사님으로부터 제자훈련을 받았던 방선기 목사, 이랜드의 박성수 회장, 제자훈련 세미나를 통해 목회의 힘을 얻었던 제자훈련목회자네트워크의 박정근 목사, 반기성 목사, 또 옥 목사님과 함께 사역했던 이동원, 홍정길, 하용조 목사, 또 교갱협(교회갱신을위한목회자협의회)와 한목협(한국기독교목회자협의회)를 통해 동역했던 조현삼, 손인웅, 김경원, 김원배 목사, 사랑의교회 부교역자로 동역했던 최홍준, 이찬수 목사, 그리고 선교지에서 늘 옥 목사님과 교감을 나누었던 박광석, 김정영 선교사 등의 글이 실렸다.

셋째는 월간 「디사이플」을 통해 목사님의 사역과 생애를 정리하는 특집을 마련했다. 나는 옥 목사님의 이야기를 가장 잘 담을 수 있는 매체는 「디사이플」이라고 생각했다. 그래서 옥 목사님의 인간관계와 제자훈련 사역을 되돌아보고, 연합운동과 갱신운동에 대해서도 정리를 했다. 목사님이 평소 사용했던 소장품도 사진으로 정리했다. 이 사진들 속에는 목사님이 늘 책상 위에 올려놓고 보았던 늙은 농부 인형과 평소 곁에 두고 묵상하던 성경책, 신고 다녔던 낡은 구두, 안경과 손가방까지 목사님의 체취와 삶이 고스란히 녹아 있는 소품들이 담겼다.

은보(恩步)라는 호처럼
평생을 은혜로운 발걸음으로 일관했던
그분의 삶은 그 낡고 해진 구두 안에
고스란히 담겨 있었다.

아직 완성하지 못한 작업은 목사님의 평전이다. 이 작업은 앞으로도 얼마간 더 시간이 걸리겠지만, 객관적인 역사가의 눈을 통해, 옥 목사님의 삶과 사역을 살펴보고 평가하는 것은 상당히 뜻 깊은 일이라고 생각한다.

이 글을 쓰고 있는 동안 목사님의 1주기가 다가오고 있었다. 나는 지난해 목사님의 특집을 다루었던 「디사이플」을 펼쳐 보았다. 그 안에는 목사님이 아꼈던 소장품 사진들이 실려 있었다. 늙은 농부 인형과 목사님의 성경책, 그리고 그분의 낡은 구두를 한참 바라다보았다. 특히 그분의 구두가 마음에 와 닿았다. 뒷굽이 약간 비스듬하게 닳은 구두는 그분의 체취를 고스란히 간직하고 있었다. 그분은 그 구두를 신고 얼마나 먼 길을 걸어오셨던 것일까? 그 구두는 한평생 제자훈련에 미쳐서 광인의 삶을 살았던 목사님의 일상이 얼마나 고단했는지 온몸으로 웅변하고 있었다.

낡고 해진 구두.

그것이 그분의 영광이었다. 사랑의교회 담임목사였고, 한국 교회의 대표적인 지도자였지만 그것으로 인한 혜택을 누리기보다는 섬기고 애쓰고 헌신하며 충실한 제자의 길을 걸었던 목사님! 은보(恩步)라는 호처럼 평생을 은혜로운 발걸음으로 일관했던 그분의 삶은 그 낡고 해진 구두 안에 고스란히 담겨 있었다.

그리고 그 구두는 그분의 정신을 이어가야 할 또 다른 제자들의 구두이기도 했다. 나는 사진 속의 구두를 가만히 쓰다듬어 보았다. 그분이 한없이 그리웠다.

제 2 부

30년 원조 설렁탕집

진국 설렁탕
한 그릇

오래 먹어도 질리지 않고, 먹은 사람의 존재 속으로 스며들어
피와 살이 되는 그런 섬김, 그것이 국제제자훈련원이 한국 교
회를 향해 줄 수 있는 최고의 선물이었다.

옥한흠 목사님은 우리에게 항상 국물 하나로 승부하는 설렁탕집이 되어야 한다고 강조했다. 아무리 먹어도 질리지 않는 진국 설렁탕 한 그릇, 그것이 바로 우리의 목표였다.

네이버 사전을 보면 '설렁탕'은 '소의 머리, 내장, 족 따위를 푹 삶은 국'이라고 소개된다. 우리가 언제부터 이 음식을 먹게 되었는지에 대해서는 여러 가지 이견이 있지만, 통설은 고려 시대부터다. 고려 시대에는 매년 첫 돼지날(亥日), 풍년을 기원하는 선농제를 지냈는데 이 행사에 참석한 임금은 신하들과 함께 밭을 갈고 논에 모를 심었다. 그리고 소와 돼지를 잡아서 국을 끓이고 삶아서 음식으로 내놓았다. 많은 사람이 한꺼번에 먹기 위해 큰 솥에다 국을 끓여 밥을 말아 먹었는데, 이 국을 '선농탕'(先農湯)이라 불렀다. 바로 이것이 오늘날 설렁탕의 원조다.

설렁탕은 대표적인 서민 음식 가운데 하나다. 값싸고 푸짐한 설렁탕은 주머니가 가벼운 서민들이 손쉽게 단백질을 섭

취할 수 있는 방법 중 하나였다. 뜨거운 김이 모락모락 피어오르는 진국 설렁탕, 그 설렁탕의 비밀은 다름 아닌 육수다. 진하고 뽀얗게 우러난 사골 국물, 그 속에는 소 한 마리의 맛과 영양이 고스란히 녹아 있다.

하지만 이 '진국'은 그냥 얻어지는 것이 아니다. 오랜 시간 살코기와 뼈를 넣고 세지 않은 불로 끓이고 또 끓여 얻어지는 것이다. 긴 시간의 인내와 끈질김이 없이는 제대로 된 국물을 얻어 낼 수 없다. 그런 면에서 설렁탕은 기다림의 산물이다. 기다림이 없이는 결코 '진국'이란 열매를 얻을 수 없는 것이다.

옥한흠 목사님은 우리에게 바로 이것을 요구했다. 화려하게 구색을 갖춘 백화점이 아니라 국물 하나로 승부하는 설렁탕, 오랜 인내와 끈질김으로 얻어 내는 한 그릇의 진국 설렁탕 같은 사역을 원했다. 그래서 오래 먹어도 질리지 않고, 먹은 사람의 존재 속으로 스며들어 피와 살이 되는 그런 섬김을 원했다. 그것은 바로 자신을 온 인류의 희생양으로 내놓은 예수님의 섬김이었고, 국제제자훈련원이 한국 교회를 향해 줄 수 있는 최고의 선물이었다.

국제제자훈련원에서 했던 우리의 사역은 다른 것이 아니라 제대로 된 설렁탕 한 그릇을 끓이는 일이었고, 옥한흠 목사님은 바로 이 설렁탕집의 주방장이었다.

오랜 인내와 끈질김으로 얻어 내는
한 그릇의 진국 설렁탕 같은 사역,
그래서 오래 먹어도 질리지 않고,
먹은 사람의 존재 속으로 스며들어
피와 살이 되는 그런 섬김

국물 하나로
승부하라

하나님은 당신을 있는 그대로 사랑하신다. 그러나 당신을 소
유하시는 것으로 양이 차지 않으신다. 당신을 바꾸기 원하신
다. 당신을 예수 그리스도를 닮은 완전한 자로 만들기를 꿈꾸
고 계신다. 그 일이 끝날 때까지 멈추지 않으신다.

– 맥스 루케이도

국제제자훈련원은 어떻게 보면 한 권의 책에서 시작되었다. 옥 목사님의 『평신도를 깨운다』의 출간이 자연스럽게 훈련원의 설립으로 이어졌다. 당시 이 책을 읽은 많은 사람들이 실제적인 제자훈련의 현장을 볼 수 있게 해달라고 요청했다. 그 요청에 부응하기 위해 시작된 것이 결국 칼세미나였고, 세미나가 지속되면서 이를 관리하고 전담하기 위해 국제제자훈련원이 설립됐다.

사실 옥 목사님의 제자훈련은 어느 날 갑자기 불현듯 시작된 사역은 아니었다. 옥 목사님이 성도교회 대학부에서 사역하셨던 경험, 미국 유학 시절 한인 교회에서 얻은 목회 경험, 이후 귀국해서 사랑의교회에서 시작한 제자훈련 경험이 축적되고 어우러진 것이다. 모두가 하나의 연결고리로 이어진 하나의 목회 흐름이었다. 목사님으로서는 이런 자신의 경험과 사역들을 모두 종합해서 한 권의 단행본으로 묶어야 한다는 것이 대단한 부담이었다. 하지만 목사님은 그런 부담감 속에서도 책을 내는 것이 한국 교회에 대한 자신의 임무로 느꼈고, 그 결과 탄생한 것이 『평신도를 깨운다』였다.

『평신도를 깨운다』는 출간되자마자 곧바로 베스트셀러 반열에 올랐다. 사랑의교회에 대한 관심과 사랑의교회의 성장 원인이라 할 수 있는 제자훈련에 대한 관심 때문이었다. 특히 이 책을 읽어 본 사람들은 제자훈련에 폭발적인 관심을 나타냈고, 더 나아가 책 속에서 설명된 제자훈련이 실제로 이루어지고 있는 현장을 보고 싶어했다. 사람들은 목사님에게 제자훈련의 현장을 공개할 것을 강력하게 요구하기 시작했다.

그런데 여기에 문제가 있었다. 제자훈련은 소그룹으로 이루어지고 있었다. 소그룹 모임은 개인적이고 친밀한 사람들 사이에 이루어지는, 어떻게 보면 상당히 사적인 공간이었다. 그런 공간에 전혀 모르는 이질적인 사람들이 들어와 참관한다는 것은 몹시 난처한 일이었다. 제자훈련 자체를 방해하는 일이었다.

목사님은 선뜻 제자훈련 공간을 보여 줄 수 없다는 사실을 안타까워하셨다. 그래서 고민하다가 생각해 낸 것이 세미나였다. 세미나를 통해 제자훈련을 전반적으로 소개하고 목사님의 교회론, 그리고 목회 철학이 사랑의교회 안에서 어떻게 자리 잡고 실천되고 있는지를 보여 주면 그런 요구들이 일정 부분 충족될 수 있을 것이라고 판단되었다. 그렇게 해서

1986년 3월 첫 세미나가 열리게 되었다.

사실 목사님의 강의 내용은 이미 책 안에 잘 정리되어 있었다. 하지만 세미나 현장에서 목사님의 육성으로 직접 듣는 강의는 아무래도 책과는 또 다른 자극이었다. 많은 목회자들이 목사님의 강의에 큰 충격과 도전을 받았다. 특히 훈련을 받은 평신도들이 교회 안에서 또 한 명의 '작은 목회자'가 되어 다른 영혼들을 섬기는 모습은 한국 교회 목회자들에게 대단한 충격을 안겨 주었다. 영적으로 깨어난 평신도들의 모습을 관념적으로는 상상할 수 있겠지만, 실제 현장에서 거의 현직 목회자처럼 뛰면서 다른 평신도들을 가르치고 양육하는 평신도 인도자들의 모습을 지켜본 사람들은 충격을 넘어 감동을 받았다. 그것이 바로 세미나가 갖고 있는 힘이었다.

하지만 이런 강점에도 불구하고 세미나가 갖는 한계 역시 명확했다. 사실 세미나에서 참석자들이 보고 경험하는 것은 오랜 시간과 노력을 통해 얻어진 최종 결과물이다. 거기에는 단순히 시간과 노력만 투자된 것이 아니라 수많은 시행착오와 그 시행착오를 통한 반복적 깨달음이 녹아 있는 것이다. 그것을 단시간 내에 세미나 참석자들이 획득한다는 것은 애당초 불가능한 일이다. 엄밀히 말해 세미나가 보여 주는 것은 일종의 미래이고 하나의 꿈일 수도 있는 것이다. 그것이 현실이 되려면 목회자 자신이 목회 현장으로 돌아가서 역량을 갖추고 실제적으로 사역을 해야만 한다.

하지만 문제는 그것이 단번에 되는 일이 아니라는 점이다. 처음에는 자극을 받아 열정적으로 제자훈련에 뛰어들었다 하더라도, 막상 어려움에 봉착하고 뜻대로 일이 잘 진행되지 않으면 열정은 식고 용기는 사그라져 흐지부지 용두사미가 될 가능성이 높다. 그래서 세미나에 참석해 비전을 발견한 목회자들에게 지속적으로 세미나 내용을 숙지시키고 그들의 마음을 붙잡고 훈련시키는 작업도 필요하다. 목회자들에게 익숙하지 않은 귀납적 성경연구라든가 소그룹 운영, 그리고 훈련으로 깨어난 평신도들을 교회 사역에 동참시키는 방법 등 리더십에 관한 부분까지 지속적으로 알려 주고 지원해 주지 않는다면 제자훈련이 지역 교회 안에 뿌리를 내리고 열매를 맺기가 어렵다.

따라서 단순한 세미나로 끝나는 것이 아니라 세미나를 수료한 목회자들이 각각의 지역 교회 안에서 제자훈련 사역을 나름대로 접목하고 뿌리를 내려 열매를 맺도록 만들기 위해서는 이를 지속적으로 돕고 지원하는 기관과 사역자가 필요하다. 그래서 만들어진 것이 국제제자훈련원인 것이다.

훈련원이 설립될 당시 옥 목사님이 늘 강조한 것은 '한 가지에 집중하라'는 것이었다. 목사님은 훈련원이 설립된 목적 이외에 다른 일은 절대로 하지 못하게 하셨다. 백화점처럼

"
세미나 현장에서 목사님의 육성으로 직접 듣는
강의는 아무래도 책과는 또 다른 자극이었다.
많은 목회자들이 목사님의
강의에 큰 충격과 도전을 받았다.
"

차려 놓고 사역을 벌이다 보면 자연스럽게 초점을 놓치게 된다. 이것이 지속되면 본말이 전도되어 엉뚱한 곁가지 사역에 몰두하기 쉽고, 그러면 훈련원의 존재 이유는 사라진다.

"바보스러울 정도로 한 우물만 파라."

그것이 목사님의 한결같은 지침이었다.

사실 그동안 훈련원의 지평을 넓힐 수 있는 기회는 무척 많았다. 하지만 목사님은 그럴 때마다 본질로 돌아갈 것을 요구했다. 훈련원의 설립 목적에 충실할 것을 강조했다. 제자훈련은 평신도를 깨우는 일이지만, 훈련원의 사역 대상은 평신도가 아니었다. 목회자였다. 평신도를 깨울 목회자를 양성하고 지원하는 것이 우리의 목표였다. 잠든 목회자를 깨워서 목회자들이 목회 현장에 돌아가 평신도를 깨우는 것, 그것이 훈련원이 존재하는 이유다.

물론 집회를 하면 많은 사람들을 불러 모을 수 있었다. 하지만 훈련원의 궁극적인 목표는 건강한 교회를 세우는 일이었다. 건강한 교회를 세우려면 먼저 영적 지도자인 목회자들을 세워 그들이 평신도를 제자 삼을 수 있도록 도와야 했다. 그러니 평신도를 대상으로 하는 일체의 사역은 우리의 목표에서 벗어나는 일이었다.

그래서 훈련원은 사역을 특화하고 한 방향으로 집중시켰다. 세미나를 중심으로 각 지역 교회가 이를 해당 교회에 접

목하고 뿌리를 내릴 수 있도록 체험학교를 개설했으며, 목회
자의 약하고 부족한 부분을 보완시켜 줄 수 있는 실제적인
워크숍을 운영했다. 그리고 귀납법적 성경공부와 소그룹 운
영, 리더십 등에 대한 구체적인 정보와 체계적인 훈련 과정
을 지속적으로 제공하는 다양한 프로그램들을 마련했다.

또 제자훈련의 비전이 유지되고 서로 정보를 공유할 수 있
도록 출판 사역과 「디사이플」 잡지 사역을 시작했으며, 동시
에 큐티를 개발할 수 있도록 돕는 「날마다 솟는 샘물」이라는
잡지도 만들었다. 바로 이것이 국제제자훈련원이 지금까지
지향해 왔고 앞으로도 실천해 가야 할 사역의 방향과 내용들
이다.

하지만 그 가운데서도 훈련원의 핵심 사역은 뭐니뭐니해도
칼 세미나이다. 칼 세미나는 국내뿐만 아니라 해외에서도 지
속적으로 전개되고 있으며, 앞으로도 계속될 것이다.

이민 교회에 세운 첫 깃발

_ 미주 칼 세미나

예수님은 제자가 되어 제자를 만들라고 했지만 오늘의 교회는
제자가 되지 않고도 그리스도인으로 사는 데 아무런 문제가 되
지 않는 신앙 형태를 용인하고 있다.

– 달라스 윌라드

미주 칼 세미나는 규모 면에서 서울 칼 세미나 다음으로 큰 세미나이지만, 단순히 규모가 문제가 아니라 그 이면에 중요한 의미를 내포하고 있다. 처음 제자훈련이 소개되고 그것이 미주 지역의 이민 교회로까지 파급되었을 때, 이민 교회에서는 제자훈련에 대해 부정적이었다. 제자훈련은 한국 교회에서나 가능하지 환경이 열악한 이민 교회에서는 불가능하다는 것이 일종의 정설이었다. 하지만 이런 선입견은 잘못된 것이었다. 그 구체적이고 확실한 증거가 바로 미주 칼 세미나이고 미주 지역의 대표적인 모델 교회들인 것이다.

미주 지역에서 가장 먼저 칼 세미나가 시작된 곳은 로스앤젤레스였다. 그런데 미주 칼 세미나가 시작되기 전에 먼저 부산 칼 세미나가 있었다. 서울에서 칼 세미나가 열리고 이어 부산에서 칼 세미나가 개최된 뒤 미주 칼 세미나로 이어졌기 때문에 미주 칼 세미나를 이야기하기 전에 잠깐 부산 칼 세미나를 소개하는 것이 좋겠다.

부산 칼 세미나는 1993년 부산 새중앙교회에서 열렸다. 부산 새중앙교회 담임이었던 최홍준 목사는 사랑의교회에서 한동안 부교역자로 사역하다 1987년 부산 새중앙교회로 부임했다. 최 목사가 부임할 당시 새중앙교회는 부교역자의 사례비조차 챙겨 주기 힘들 정도로 어려운 상황이었다.

하지만 어려운 환경 속에서도 최 목사는 부임하자 곧바로 제자훈련을 시작했다. 여러 가지 난관과 장애물이 있었지만 최 목사는 포기하지 않고 제자훈련을 지속적으로 실시했다. 그 결과 교회는 서서히 안정을 되찾고 건강해졌다.

새중앙교회는 사랑의교회와는 좀 다른 경우였다. 사랑의교회는 개척 시기부터 제자훈련이 접목된 경우지만 새중앙교회는 기성 교회로서 제자훈련이 시도된 사례였다. 사랑의교회가 개척 교회에서 제자훈련을 성공시킨 모델이라고 한다면 부산 새중앙교회는 오래된 고목나무처럼 시들시들 죽어 가던 기성 교회가 제자훈련으로 다시 회복하여 건강해진 대표적 사례로 꼽힐 수 있었다.

그래서 기성 교회나 지방에서 목회하는 분들에게 하나의 좋은 목회 현장으로 새중앙교회를 소개하는 게 좋겠다는 의견이 제시되었다. 이 의견이 받아들여져 1993년 10월, 48명의 목회자를 초청해서 부산 칼 세미나가 개최되었다.

칼 세미나는 제자훈련의 현장을 보여 주는 것이 중요하기 때문에 사랑의교회 외에 다른 곳에서 세미나를 한다는 것은 힘들었다. 그런데 새중앙교회는 제자훈련을 통해 사람을 키웠고, 그렇게 준비된 인도자들이 소그룹을 잘 이끌어 갈 수 있도록 많은 고민을 했던 교회였기 때문에 칼 세미나를 열어도 될 만한 충분한 조건을 갖추고 있었다. 부산 칼 세미나는 서울까지 올라오기 힘들었던 부산·경남 지역과 그 인근 지역의 목회자들로부터 큰 호응을 얻었다.

그렇게 부산 칼 세미나가 이루어지고 그 이듬해인 1994년 7월 남가주 사랑의교회에서 미주 칼 세미나가 열렸다. 제1회 미주 칼 세미나는 훈련원 사역에 있어 중요한 분기점이었다. 처음으로 해외에서 열린 세미나라는 점도 중요했지만, 그보다는 이민 교회에서 열린 첫 세미나라는 데 더 큰 의미가 있었다.

서울에서 칼 세미나가 계속되면서 많은 미주 지역 이민 교회 목회자들이 세미나에 참석했다. 세미나를 통해 크게 자극받은 이민 교회 목회자들은 현지로 돌아가 제자훈련을 시작했지만 기대와는 달리 대부분 실패했다. 이민 교회의 경우는 교인들이 대부분 먹고 살기가 팍팍한 형편이었고 부부가 모두 일을 해야 하는 상황이어서 오랜 시간 교회에 모여 제자훈련을 받는다는 것이 불가능했다. 그래서 이민 교회의 토양에서는 제자훈련이 맞지 않는다는 평가가 많았다. 그런데 그런 편견을 깬 사례가 바로 남가주 사랑의교회였다.

남가주 사랑의교회는 1988년에 세워졌다. 미국에서 신학교를 졸업하고 부목사 생활을 하던 오정현 목사가 1987년 한국 사랑의교회에서 6개월 간 인턴십을 거친 후 다시 미국으로 들어가 개척한 교회였다. 남가주 사랑의교회는 힘든 상황 속에서도 제자훈련을 지속적으로 실시했고 매주 소그룹 모임을 가졌다. 그리고 마침내 제자훈련을 통해 교회를 훌륭하게 성장시키고 건강하게 세웠다. 동시에 이런 과정을 통해 이민 교회에서는 제자훈련이 불가능하다는 미주 지역의 지배적 선입관을 무너뜨렸다. 남가주 사랑의교회가 제자훈련을 통해 세워진 건강한 교회의 대표적인 모델이 된 것이다.

오정현 목사는 개척 초기부터 꿈을 갖고 있었다. 제자훈련을 실시하면서 교회가 어느 정도 준비가 되면 칼 세미나를 열어 제자훈련의 현장으로 내놓겠다는 꿈이었다. 그리고 그 비전은 마침내 실현이 되어 첫 미주 지역 칼 세미나가 남가주 사랑의교회에서 열리게 된 것이다.

한국과 달리 초기 미주 칼 세미나에서는 참관 다락방과 실습 다락방이 구분되지 않았다. 남가주 사랑의교회 소그룹 숫자가 충분하지 않았기 때문이었다. 그래서 목요일 저녁에는 참관 다락방으로, 금요일에는 실습 다락방으로 운영되면서 칼 세미나가 진행되었다.

하지만 이민 교회에서 제자훈련의 현장을 보여 준다는 측면에서는 참가자들의 반응이 뜨거웠다. 한국의 경우에는 다락방이 남성반과 여성반으로 나뉘어 운영되었지만, 이민 교회는 교회의 특성상 부부가 함께 참여하는 혼성 다락방으로 구성되었다. 사랑의교회에서는 화요일 오전 10시에 다락방 순장 모임이 이루어졌지만 미국에서는 평일 순장반 모임은 불가능했다. 대신 주일 오후에 모임이 이루어졌다.

이렇게 문화적 상황이 다른 이민 교회에서 제자훈련이 이루어지는 모습을 직접 눈으로 보고 경험하는 것은 참가자들에게 중요한 일이었다. 이민자의 척박한 삶 속에서 제자훈련이 미치는 영향과, 이민 교회도 제자훈련을 할 수 있다는 가능성을 보여 주었다는 점에서 미주 칼 세미나는 미국뿐 아니라 전 세계에 흩어져 있는 4천여 이민 교회들에게도 대단한 희망과 비전을 제시한 세미나였다.

이후 미주 칼 세미나는 1년에 한 번씩 꾸준히 열리고 있다. 특히 남가주 사랑의교회는 교회 안에 훈련원을 설립하고 이 기관을 통해 세미나를 이끌고 있다. 훈련원의 대표총무는 김홍장 전도사이다. 김 전도사는 남가주 사랑의교회 초대 장로로 교회 초창기부터 교회 사역에 헌신해 왔는데 이 일을 위해 신학을 공부하고 훈련원을 섬기고 있다.

"

이민자의 척박한 삶 속에서 제자훈련이 미치는 영향과,
이민 교회도 제자훈련을 할 수 있다는
가능성을 보여 주었다는 점에서 미주 칼 세미나는
미국뿐 아니라 전 세계 4천여 나라에 흩어져 있는
이민 교회들에게도 대단한 희망과
비전을 제시한 세미나였다.

"

김 전도사는 평신도로서 제자훈련을 받았고 순장으로 소그룹을 이끈 경험도 풍부했다. 그리고 그런 경험을 밑바탕으로 이민 교회에 제자훈련이 뿌리를 내릴 수 있도록 헌신해 왔다. 김 전도사의 헌신과 경험은 미주 지역 이민 교회에 많은 영향력을 미치고 있다.

남가주 사랑의교회 담임이었던 오정현 목사는 옥 목사님 후임으로 결정되면서 남가주 사랑의교회를 사임하고 한국으로 건너와 사랑의교회 담임을 맡게 되었다. 2003년 오 목사가 교회를 떠난 후 남가주 사랑의교회는 후임을 구하지 못해 근 1년 간 담임목사 없이 운영되었다. 그러나 담임 목사가 없던 그 1년의 공백 기간에도 남가주 사랑의교회가 전혀 흔들림 없이 성장을 지속할 수 있었던 것은 제자훈련을 통해 세워진 '평신도 목회자'(순장)들 때문이었다. 이들이 흔들림 없이 자신들의 사역을 성실히 지속해 왔기 때문에 교회가 안정을 유지할 수 있었던 것이다.

이민 교회의 경우는 대체로 분란이 잦은 편이다. 어떤 곳은 이것이 하나의 문화처럼 형성되어 있는 경우도 있다. 그런데 지도자가 없는 상황에서도 남가주 사랑의교회가 건강하게 유지되는 모습은 제자훈련을 통해 세워진 평신도 지도자의 역할이 얼마나 중요한지 확실하게 각인시키는 계기가 되었다.

사실 남가주 사랑의교회는 담임목사가 없던 1년 동안 후임 목사 선정 문제를 놓고 당회가 내부적인 갈등을 겪었다. 하지만 순장들은 당회와 관계없이 똘똘 뭉쳐 교회 사역을 이끌어 갔고 교인들을 충실하게 돌보았다. 남가주 사랑의교회 평신도 지도자들이 얼마나 성숙한 신앙을 갖고 있는지 새삼 확인할 수 있었다.

미주 칼 세미나는 현재 한인 1.5세나 2세 목회자들에게 제자훈련의 정신을 소개하는 일에 관심을 갖고 있다. 세미나 때마다 이들을 위해 동시통역을 진행하고 있고, 이를 통해 영어권에서 생활하는 한인들에게도 제자훈련 사역이 가능하다는 확신을 심어 주고 있다. 세미나에 참석한 목회자들에게는 세미나가 한국 교회의 영성을 배우는 기회가 되고 있고, 훈련원에게는 전혀 다른 문화권에서 신앙생활을 하는 영어권 목회자들의 생각을 공유하는 기회로도 활용되고 있다. 또한 이들과의 대화를 통해 영어권 교회에 제자훈련을 이식할 수 있는 길을 모색하고 있고 더 나아가 미국 교회에 제자훈련을 소개하는 통로로 이용하고 있다.

미주 칼 세미나를 통해 미국 내에도 몇 개의 제자훈련 모델 교회들이 생겨나고 있다. 와싱톤중앙장로교회나 필라델피아의 양의문교회, 캐나다 해밀튼 한인교회, 뉴욕 베이사이드 장로교회 등을 대표적인 예로 들 수 있다.

와싱톤중앙장로교회는 담임이었던 이원상 목사가 원로목사로 물러나고 후임으로 노창수 목사가 부임하면서 교회에 제자훈련을 접목시켰다. 교회의 핵심 인도자들이 제자훈련 현장에서 소그룹을 직접 체험했고, 지속적인 훈련을 통해 지난해 다락방 훈련으로 준비된 인도자들이 이번 해 소그룹을 이끌어 가는 시스템으로 교회가 완전히 새롭게 탈바꿈했다. 이런 과정을 통해 와싱톤중앙장로교회는 미국 동부 지역의 좋은 모델 교회로 자리를 잡아 가고 있다.

필라델피아에는 제자훈련을 통해 건강한 교회로 변화되기 위해 몇몇 교회들이 '동부칼넷'이라는 이름으로 신실한 네트워크를 형성하고 있다. 2004년부터 시작된 이 네트워크는 처음에는 '필라칼넷'이라고 불렸지만 참석하는 회원들이 델라웨어, 도버, 펜스테이트 등으로 확장되면서 '동부칼넷'이라고 부르고 있다.

열악한 이민 교회 환경 속에서 목회하는 동역자들이 연 4~6회 정도 함께 모여 서로 마음을 열고 목회의 고민들을 나누며 제자훈련을 비롯한 다양한 목회 정보를 나누고 있다. 십여 개 교회가 연합해서 '목적이 이끄는 40일 캠페인'과 '대각성 전도집회'를 동시에 진행하면서 지역 교회의 평신도 지도자들을 계발하기 위한 자체 세미나를 실시하기도 한다. 이 일에 필라델피아 제자교회(이정철 목사), 양의문교회(윤상철 목사), 뉴비전교회(윤대식 목사) 등이 앞장서고 있다. 목회자들이 이렇게 깊은 관계를 맺으며 서로를 붙들어 주고 격려하는 아름다운 네트워크를 어디서 또 찾아볼 수 있을까 싶다.

캐나다에 있는 해밀튼 한인교회 역시 제자훈련을 꽤 열심히 하는 교회인데, 이 교회의 제자훈련은 상당히 독특하다. 처음에 제자훈련반을 모집했는데, 교회 교인들 가운데는 소규모로 편의점을 운영하는 사람들이 꽤 있었다. 이 지역의 편의점들은 90년대 초 월마트가 들어오면서 매출에 상당한 타격을 받았다. 결국 살아남기 위해 밤늦게까지 영업을 할 수밖에 없는 상황이 되었다. 이 교회에서 실시하는 제자훈련이 밤 8시부터 10시까지인데, 편의점을 운영하는 교인들이 자신들도 제자훈련을 받을 수 있는 기회를 달라고 요청해서 어쩔 수 없이 밤 12시에 시작해서 새벽 2시 30분에 끝나는 훈련 과정을 새로 신설했다.

그런데 놀라운 것은 이 반의 출석률이 가장 높다는 사실이다. 통상적으로는 힘들면 안 된다며 포기하는 경우가 많은데, 이 교회 같은 경우는 힘들기 때문에 오히려 더 말씀을 붙들고 훈련에 매달렸던 것이다. 이런 과정을 거치며 해밀튼 한인교회는 캐나다의 좋은 모델 교회로 변화되었다. 해밀튼 한인교회를 보면서 이민자들의 마음속에는 힘든 생활 여건 가운데서도 제대로 된 신앙생활을 하고자 하는 욕망이 숨겨

져 있다는 사실을 발견했다. 목회자 입장에서는 어렵게 살아
가는 사람들은 괴롭히지 않고 편하게 신앙생활하게 해주고
싶은 유혹을 받는다. 하지만 제자훈련을 통해 진정한 신앙
이 뭔지 보여 주면 사람들은 달라진다. 그 안에는 너무도 갈
급한 영적 목마름이 숨어 있기 때문이다. 해밀튼 한인교회가
바로 그 증거다.

숨겨진 잠재력의 보고

_ 브라질 칼 세미나

우리가 시작하거나, 우리의 소명, 은사, 에너지를 들이는 모든 선교는 그보다 앞서 존재하는 하나님의 선교에서 나온다. 하나님이 선교를 하신다. 그리고 우리는 바울의 멋진 말로 하면, "하나님의 동역자"다. 이렇게 선교의 초점을 다시 하나님 중심으로 보게 되면 선교 계획, 의제, 전략, 웅대한 조직에 대한 우리의 집착은 뒤집힌다…. 진짜로 던져야 할 질문은 "하나님의 선교라는 위대한 이야기 가운데 나의 미약한 삶이 맞아 들어가는 지점이 어디인가?"이다. 우리는 '세상에 적절한 복음을 만들기' 위해 씨름한다. 하지만 하나님은 세상을 복음의 형태에 맞도록 변화시킨다…. 하나님께서 기대하시는 교회가 어떤 교회인지 다시 물어야 한다.

– 톰 라이트

2005년 브라질에서 온 여섯 명의 목회자들이 칼 세미나에 참석했다. 이들은 이 세미나에 참석하기 위해 지구를 반 바퀴나 날아왔다. 여섯 명 가운데 세 명은 브라질 현지 목회자였고, 두 명은 교포 2세 목회자, 나머지 한 명은 평신도 지도자였다. 세 명의 현지 목회자 가운데 한 명이 브라질 장로교회 총회장이었던 호베르토 브라실레이로 실바 목사였다.

브라질 장로교회 총회는 3,500여 교회가 회원으로 가입한 브라질 최대의 장로교 총회로, 총회장인 호베르토 목사의 영향력은 상당했다. 총회장의 임기는 4년으로 교단 산하 8개 신학교를 총괄했고, 그 자신이 역사신학을 가르치는 교수였다. 당시 50세 중반 정도였던 호베르토 목사는 세미나에서 많은 도전을 받았다. 세미나가 진행되는 내내 맨 앞줄에 앉아 강의를 경청했는데, 처음부터 끝까지 한 치의 흐트러짐도 없었다. 한 교단의 총회장이라는 권위의식이나 우월감 같은 것은 전혀 찾아볼 수 없었다.

호베르토 목사는 세미나를 마치고 난 후 "이번 세미나를 통해 교회의 사도성을 구체적으로 깨닫고 그 결실의 현장인 한국 교회를 탐방할 수 있었던 것은 값진 경험이었다"며 "한 영혼을 천하보다 귀하게 여기는 한국 목회자들의 헌신과 열정에 큰 감명을 받았다"고 소감을 밝혔다. 특히 "브라질의 기독교 역사가 한국보다 50여 년 앞섰음에도 불구하고 브라질 복음주의 교회들이 시대적 사명을 수행하는 데 다소 부족했던 것이 사실"이라며 "한국 교회와 성도들이 브라질 교회가 건강하게 세워질 수 있도록 기도로 후원해주기 바란다"는 당부도 잊지 않았다.

브라질 개신교의 전체적인 흐름은 신 오순절이었다. 오순절 운동의 분위기 속에서 예언과 축복이 강조되었고, 호베르토 목사는 브라질의 교회들이 건전하지 못한 신 오순절 방향으로 흐르는 것을 상당히 고민하고 있었다. 브라질 교회들을 어떻게 건강한 복음주의로 되돌릴 수 있을까 고민하던 호베르토 목사는 세미나에 참석해 보고는 '제자훈련이 답'이라는 결론을 내렸다.

그래서 호베르토 목사는 세미나가 끝난 후 옥 목사님께 공식적으로 요청했다. 브라질 장로교단 안에 제자훈련이 뿌리를 내릴 수 있도록 교재를 번역해 줄 것과 칼 세미나가 열릴 수 있도록 도와 달라는 내용이었다. 이렇게 호베르토 목사의 요청에 따라 2006년 브라질에서 칼 세미나가 열렸다. 그 사이에 옥 목사님의 책들이 포르투갈어로 번역되었고 제자훈련 교재도 만들어졌다. 처음 열린 브라질 칼 세미나에는 브라질 26개 주 가운데 21개 주의 영향력 있는 노회 지도자 120명이 참석했다.

호베르토 총회장의 초청이 있긴 했지만 실제로 브라질 칼 세미나가 가능했던 것은 아과비바(생수) 교회가 있었기 때문이다. 칼 세미나는 세미나의 특성상 현지에 제자훈련의 현장을 보여 줄 수 있는 사역지가 반드시 있어야만 하는데, 브라질의 경우에는 그것이 바로 아과비바 교회였다. 아과비바 교회의 담임은 한인 1.5세인 고영규 목사다. 고 목사는 교회를 개척한 후 제자훈련을 통해 교회를 건강하게 성장시켜 왔다. 아과비바 교회는 한인 교회가 아닌 브라질 현지인들로 구성된 현지인 교회로, 좋은 모델이 될 수 있는 제자훈련 현장이 있었기에 브라질에서도 칼 세미나가 가능했던 것이다.

아과비바 교회의 고 목사는 브라질에 매혹되어 그들의 영혼을 위해 자신의 몸을 드렸다고 말하는 사람이다. 이런 고 목사의 양육을 받아 세워진 젊은 평신도 인도자들은 잘 준비되고 헌신된 사람들이다. 300여 명으로 숫자가 많지는 않지만, 아과비바 교회의 평신도 인도자들은 고 목사의 '분신'이라고 할 정도로 철저하게 헌신되어 있다.

칼 세미나가 열리면 아과비바 교회의 평신도 지도자들은 한 주 동안 세미나를 섬기기 위해 자신이 다니던 직장에 휴가를 내고 교회에 와서 봉사한다. 이들 가운데는 의사, 변호사 같은 전문직 종사자들도 많다. 이들은 세미나 기간 내내 리트릿 센터에 상주하면서 세미나 참석자들을 위해 자신들의 훈련 현장과 소그룹 활동을 보여 준다. 세미나 참석자들은 제자훈련을 통해 일어난 교회의 변화와 그러한 변화를 통해 교회의 부흥을 꿈꾸면서 온몸으로 교회를 섬기는 평신도 지도자들의 모습을 보며 엄청난 감동을 느낀다.

현재 브라질 칼 세미나는 2년에 한 번씩 열리고 있고, 올해까지 세 번째 세미나를 치렀다. 올해의 경우는 1년을 건너 뛰어 3년 만에 열렸다. 훈련원이 브라질 칼 세미나에 주목하는 것은 브라질 칼 세미나가 타문화권 속에 제자훈련이 뿌리를 내리는 중요한 시험 무대가 될 것이라는 사실 때문이다. 브라질 칼 세미나는 우리와는 전혀 다른 문화와 선교지 상황에서 과연 제자훈련이 이식되고 정착될 수 있느냐를 가늠할 수 있는 현장이다.

브라질 칼 세미나를 좀 더 긍정적으로 바라볼 수 있는 것은 브라질 장로교 총회라는 조직적인 힘이 뒷받침하고 있기 때문이다. 이 힘이 브라질 칼 세미나에 커다란 활력을 불어넣고 있고, 아과비바 교회라는 좋은 모델 교회도 있기 때문에 브라질 칼 세미나에 거는 기대가 크다. 사실 브라질은 타문화권에서는 유일하게 아과비바 교회와 같은 현장을 모델로 두고 칼 세미나를 개최하고 있다.

우리가 브라질 칼 세미나에 주목하는 이유는 브라질의 잠재력 때문이다. 브라질은 미국 다음으로 기독교 인구가 많은 나라다. 그러나 그런 규모에도 불구하고 전통적인 가톨릭 문화가 지배적인 영향력을 행사하고 있어 기독교는 그다지 큰 영향력을 발휘하지 못하고 있는 상황이다. 게다가 교회가 대부분 신오순절 운동 계열이어서 많은 문제점까지 안고 있다.

우리는 브라질에서 제자훈련을 통해 사람과 건강한 교회가 세워지는 것을 기대하고 있다. 브라질 내에서 제자훈련의 역할이 얼마나 중차대한 일인지 절감한다.

브라질 칼 세미나와 유사한 사례로 말레이시아를 꼽을 수 있다. 말레이시아의 제자훈련 사역은 2006년 12월 말레이시아의 성공회 소속 목회자 9명이 한국의 칼 세미나에 참석하면서 시작되었다. 이들 가운데 말레이시아 사바 지역의 성 패트릭 교회를 담임하는 책 센 펜 목사는 세미나에 참석해서 큰 도전을 받았다. 그래서 이듬해 3월에 자신이 섬기던 교회의 부목사와 동료 목사 등 29명을 이끌고 한국에 와서 다시 세미나에 참석했다.

말레이시아 성공회 소속 목회자들이 칼 세미나에 참석하게 된 계기는 2005년 뉴질랜드에서 열렸던 아시아태평양 지역 제자훈련 포럼(APCOD, Asia Pacific Consultation on Discipleship)이 직접적인 계기가 되었다. 이 포럼은 제자훈련을 실시하는 아시아태평양 지역 목회자들이 함께 모여 경험과 정보를 나누는 일종의 네트워크였다. 나는 사랑의교회 세계선교부를 담당하는 유승관 목사와 함께 이 자리에 참석하여 사랑의교회의 제자훈련 사역을 소개할 기회가 있었다. 그때 사랑의교회 사역에 관심을 갖게 된 이들이 그다음 해 한국 세미나에 참석하게 된 것이다.

말레이시아의 제자훈련 사역이 뿌리를 내리게 된 배경에는 성공회라는 교단이 있다. 말레이시아 성공회 대주교와 핵심 인도자들이 칼 세미나에 많은 관심을 갖고 있기 때문이다. 그래서 각 지역의 지도자급 목회자들을 계속해서 한국으로 보내고 있다. 또 그 여파로 호주 성공회 소속 목회자들도 칼 세미나에 참석하고 있고 싱가포르에까지 그 영향을 미치고 있다.

100년 역사를 지닌 싱가포르 성공회 성 앤드류 성당(St. Andrew's Cathedral)의 주임 사제 킴 셍 콴(Kim Seng Kuan) 목사는 동료 목회자의 강력한 추천으로 칼 세미나에 참석한 후 "칼 세미나를 통해 제자훈련은 해도 되고 안 해도 되는 단순한 문제가 아니라는 생각을 하게 되었다"고 소감을 밝혔다. 그는 "제자훈련은 모든 교회가 다 해야 하는 일"이라고 강조하면서 "소그룹을 통해서 사람을 키워 내는 것이 굉장히 신선했다. 이제 전략적으로 소그룹을 모아서 양육하고 훈련해야겠다는 생각이 들었다"고 고백했다.

말레이시아의 경우는 세미나가 일회적인 행사로 끝나지 않는다. 교단 전체가 나서서 말레이시아 교회의 사역 방향을 제자훈련으로 향하고 있기 때문이다. 일종의 교회 시스템을 바꾸는 형태라고 할 수 있다. 따라서 세미나가 말레이시아 교회에 지속적으로 영향을 미칠 수 있고, 나아가 제자훈련을 통해 교회의 내적인 변화를 이끌어 낼 수 있을 것이다. 나중에 말레이시아 현지에 좋은 모델 교회를 발굴하여 제자훈련과 소그룹을 직접 보여 줄 수 있는 현장이 마련되면 훈련원쪽에서 직접 나가 세미나를 이끌 수 있을 것이다.

소망의 씨앗

_ 일본 칼 세미나

제자도가 없는 기독교는 언제나 그리스도가 없는 기독교다.

― 디트리히 본회퍼

일본 칼 세미나를 이야기하기 전에 대만 목회자들을 위한 세미나 이야기를 잠깐 해야 할 것 같다. 당시만 해도 우리는 외국인들을 위한 세미나는 전혀 생각하지 못하고 있었다. 그런데 한 대만 선교사가 옥 목사님을 찾아와 대만의 목회자들을 위한 세미나를 열어 줄 것을 강력하게 요청했다. 옥 목사님 역시 그 필요성에 공감했고 마침내 세미나가 마련되었다.

통역자와 교재를 준비하고 118명의 대만 목회자를 초청해서 세미나를 개최했다. 1989년 6월 5일부터 일주일간이었다. 그런데 문제가 생겼다. 중간에 세미나를 연결한 선교사는 제자훈련에 대한 사전 지식이 전혀 없었다. 나중에 알게 되었지만 그는 중국어가 안 되어 통역자를 데리고 사역하고 있다는 것이었다. 그저 자신의 선교 실적을 위해 대만의 교회와 훈련원을 연결시켜 준 것뿐이었다. 대만 목회자들이 훈련을 받긴 했지만 현지로 돌아간 이후에는 그들을 지속적으로 관리해 줄 수 있는 대안이 아무것도 없었다. 그저 일회성 세미나로 끝나고 만 것이다. 이 경험을 통해 외국인 목회자들의 경우는 단순히 세미나를 개최하는 것뿐만 아니라 그 이후 현지 목회와 제자훈련 사역을 연결시켜 줄 수 있는 사역자가 중요하다는 뼈저린 체험을 하게 되었다.

  그런 교훈을 얻고 난 후, 한 일본 선교사가 훈련원을 찾아와 일본 목회자들을 위한 세미나를 열어 줄 것을 요청했다. 변재창 선교사였다. 변 선교사는 나름대로 C.C.C. 사역을 일본 목회에 접목시켜 사역해 오던 목회자였다. 또 현지 목회자들과 좋은 네트워크를 형성하고 있었다. 변 선교사가 중간 역할을 하여 세미나가 이루어지면 대만 세미나 때와 같은 실수는 반복하지 않겠다 싶어 일본 목회자를 위한 세미나를 준비하게 되었다.

  여러 가지 준비를 거쳐 1989년 10월, 34명의 일본 목회자를 초청해 세미나를 열었다. 그런데 이 세미나를 앞두고 옥 목사님이 쓰러졌다. 몸을 돌보지 않고 지나치게 사역에 매달린 탓이었다. 주 강사가 없으니 문제가 보통 심각한 것이 아니었다. 하지만 세미나를 취소할 수는 없었다. 일본 사람들은 굉장히 꼼꼼하고 치밀한 사람들이어서 몇 개월 전부터 세미나를 위한 사전 작업이 모두 이루어졌고, 참석자들이 다른 나라에서 비행기를 타고 와야 했기 때문에 세미나를 취소할

만한 상황이 아니었다. 그래서 옥 목사님은 죽으면 죽으리라
는 각오로 세미나를 계속 진행시켰다.

첫 일본 칼 세미나에서 가장 기억에 남는 사람은 도쿄 성서
그리스도 교회의 오야마 레이지 목사였다. 이 분은 일본 기독
교계의 원로 목사로 제암리 교회 건축을 주도했고, 한국에 사
과 운동을 전개해서 국내에도 잘 알려져 있는 인물이었다. 이
분이 칼 세미나에 참석하고는 큰 은혜를 받고 일본으로 돌아
가서는 뜨거운 마음으로 제자훈련을 실시했다. 오야마 목사
는 급한 마음에 당회에서 제자훈련에 대해 설명하고 여기에
호응을 보이는 몇몇 장로만 데리고 제자훈련을 시작했다.

그런데 제자훈련에서 빠진 교회 핵심 장로 한 명이 여기에
앙심을 품고 교인 100여 명을 데리고 교회를 떠나 버리는 사
건이 발생했다. 큰 교회가 아니었기 때문에 이 장로가 데리
고 나간 교인은 전체 교인의 3분의 1에 해당하는 규모였다.
오야마 목사가 얼마나 큰 심적 충격을 받았을지는 쉽게 상상
이 가는 일이었다. 하지만 이런 힘든 시련을 겪으면서도 교
회는 제자훈련을 통해 점점 분위기가 달라졌다. 오야마 목사
의 목회 방침에 동의하고 지지하는 사람들이 이런 과정을 통
해 더욱 결속되었다. 성서그리스도 교회에서는 매 주일 아침
8시에 제자훈련을 했는데, 나중에는 교회가 체질이 바뀌면서
예배 분위기가 뜨겁고 말씀을 사모하는 교회로 탈바꿈했다.

오야마 목사는 나중에 옥 목사님에게 편지를 보내 왔다. 일본 교회에서는 평신도들이 목회자에게 선물을 하는 경우가 별로 없는데 제자훈련을 마치자 훈련을 받았던 사람들이 감사하다는 편지와 선물을 보내왔다며, 교회에 이런 변화를 일으킬 수 있도록 기회를 제공해 준 옥 목사님에게 감사하다는 내용이었다.

두 번째 세미나는 1992년 5월에 72명이 참석한 가운데 열렸고 이후 몇 년 간 매년 한 차례의 세미나가 이루어졌다. 세미나가 이어지면서 세미나에 참석했던 일본 목회자들이 제자훈련 강의와 컨설팅을 받을 수 있도록 컨벤션 형태의 모임을 결성했다. 그래서 1994년에는 일본 14개 지역 대표 목회자 25명을 중심으로 전국대표자회의라는 모임이 탄생했다. 이들은 컨벤션을 매년 연초에 개최하고 1995년에는 옥 목사님의 『평신도를 깨운다』 일본판을 정식으로 출간했다. 그렇게 2002년까지 여덟 번의 일본 세미나가 열렸다.

이런 상황에서 예상치 못했던 일이 일어났다. 일본 세미나와 관련된 사역을 총괄하고 있던 변 선교사와 훈련원 사이에 갈등이 불거지기 시작했다. 훈련원에서는 세미나에 참석했던 일본인 목회자들을 개별적으로 돕는 것이 어려웠기 때문에 '현지 에이전트' 격인 변 선교사가 그 일을 해주길 바랐다. 당시 변 선교사는 '소목자훈련원'을 운영하고 있었는데, 우리는 이 소목자훈련원이 일본 교회에 제자훈련 세미나를 소개하고 제자훈련 교재와 『평신도를 깨운다』와 같은 책들을 일본어로 번역해 일본인 목회자들에게 보급하는 한편, 제자훈련에 필요한 구체적인 후속 지원과 훈련을 감당해 주길 원했다.

『평신도를 깨운다』와 제자훈련 교재는 일본어로 번역이 되어 출간되었다. 초판 비용은 모두 국제제자훈련원이 대고 소목자훈련원에 그 책을 기증했다. 판매되는 책값으로 이후에 재판 비용을 충당하고 남은 비용은 선교에 보탬이 되도록 했다.

그런데 변 선교사는 옥 목사님이 쓴 제자훈련 교재를 본인이 목회하는 교회에서 한번도 사용하지 않았다. 소목자훈련원과 연계된 일본 목회자들에게도 이 교재를 소개하거나 이 교재로 지도하지도 않았다. 변 선교사의 관심은 오로지 소목자훈련원에서 펴내는 큐티와 낮은 단계의 양육에 머물러 있었다. 평신도를 훈련시켜 목회의 동역자로 세우거나 평신도 지도자를 계발하고 그들과 더불어 함께 사역하도록 돕는 훈련에는 전혀 관심이 없었다. 당연히 훈련원 사역 방향과는 서로 맞지가 않았다.

그래서 변 선교사와 여러 번 대화를 나누었다. 사역의 초점이 서로 달라서는 곤란하니 본인의 사역에만 매달리지 말고 일본 교회에 제자훈련을 소개하는 데 신경 써 달라고 부탁했지만 합의점을 이끌어 내는 데 실패했다. 일본을 몰라서 그런 소리를 한다는 핀잔과 일본을 아는 자신에게 맡겨 달라는 이야기만 반복할 뿐이었다. 결국 변 선교사와는 2005년 동역 관계를 정리했다. 국제제자훈련원에서는 소목자훈련원을 거치지 않고 직접 일본 교회들과 관계를 맺고 지원하는 방안을 모색하게 되었다.

그렇게 변 선교사와의 관계가 정리되었는데, 2008년 변 선교사의 스캔들이 일본 언론에 폭로되기 시작했다. 일본 전역을 떠들썩하게 한 변 선교사의 성희롱 사건은 결국 재판까지 가게 되었다. 그런데 이 일로 제자훈련 네트워크에 가입돼 있던 일본 목회자들이 상당한 상처를 입었다. 이들은 변 선교사의 소개로 이 네트워크에 가입하게 되었는데 이 사건으로 마음에 상처를 입고 제자훈련 네트워크를 끊어 버렸다.

변 선교사 일뿐만 아니라 일본 목회자들의 제자훈련 네트워크 탈퇴로 옥 목사님이 받은 충격은 상당했다. 옥 목사님은 제자훈련을 통해 일본 교회가 새로운 부흥의 역사를 경험하게 될 것이라고 확신하고 있었다. 그런 비전 때문에 제자훈련 사역을 위해 일본 교회에 파격적인 지원을 아끼지 않았다. 그럼에도 불구하고 한 교회 지도자의 개인적인 스캔들이 제자훈련에 대한 부정적 이미지로 이어진 데 대해 엄청난 심적 압박감을 받았다. 하지만 사태는 더욱 걷잡을 수 없이 악화돼 일본 교회 내에서 제자훈련은 일종의 '기독교 컬트'로 인식되는 상황까지 몰려갔다.

처음에 이런 이야기들을 듣고 옥 목사님은 완강하게 부인했다. 틀림없이 잘못된 소식일 것이라며 믿으려 들지를 않았다. 하지만 이런 내용들이 언론을 통해 전해지고 구체적인 증거까지 제시되기 시작하자 옥 목사님은 허물어지기 시작했다. 더욱이 수술하고 투병하는 과정에서 이런 소식이 전해졌기 때문에 옥 목사님으로서는 도무지 감당하기 어려운 상황이었다.

훈련원으로서는 이제 일본 교회와 신뢰 관계를 회복하고 일본에서 제자훈련 사역을 재건하는 일이 큰 숙제로 남았다. 하지만 이런 상황 속에서도 계속해서 제자훈련을 붙들고 씨름하는 일본 목회자들이 있어 큰 희망이 되고 있다. 바로 삿포로에 있는 제자훈련 네트워크이다.

삿포로 네트워크는 삿포로미나미복음 교회(札幌南福音教会)의 혼다 목사와 삿포로레인보차펠(札幌神召キリスト教会)의 시타미치 목사, 삿포로니시복음 교회(札幌西福音キリスト教会)의 소우마 목사 등 삿포로 지역의 몇몇 목회자들이 1992년과 1993년 칼 세미나에 참석하면서 시작되었다. 이때 삿포로에서는 1990년에 파송된 OMF 소속의 이수구 선교사가 혼텐교회에서 4년간 사역하면서 좋은 열매를 맺고 있었다. 사랑의교회에서 신앙생활을 했던 경험과 혼텐교회 사역의 열매를 통해 이수구 선교사는 일본 목회자들과 네트워크를 형성하게 되

었고 그 네트워크는 3개월에 한 번 정도 교제하는 모임으로 발전했다.

하지만 이들에게 제자훈련은 너무도 생소한 것이었다. 더구나 실패에 대한 두려움도 많았다. 이들의 제자훈련 사역을 구체적으로 돕기 위해 1998년부터는 좀 더 자주 모여 제자훈련의 경험을 함께 나누기 시작했다. 매달 한 주를 선택해 월요일 저녁 6시에 각 가정을 돌면서 부부동반으로 모였다.

물론, 교회에 문제가 전혀 없는 것은 아니다. 아직도 제자훈련을 받아들이지 못하는 그룹들이 존재하고 갈등도 있다. 그러나 분명한 것은 제자훈련에 대한 확신은 흔들리지 않는다는 것이다. 각 교회가 처한 상황에서 제자훈련을 어떻게 실천해야 하는가에 대한 질문이 남아 있을 뿐이다. 이제는 석 달에 한 번으로 모임 횟수가 줄어들었지만 20년이 넘게 지속되는 이 모임은 위기를 만날 때마다 서로를 격려하고 위로하면서 지속적인 사역을 가능하게 만드는 큰 힘이다.

이런 네트워크가 가능한 것은 그 핵심에 제자훈련을 통해 변화된 삿포로 국제그리스도 교회라는 건강한 모델이 있기 때문이다. 1996년 7월 이 교회에 2기 사역으로 부임한 이수구 선교사는 이듬해 4월부터 제자훈련을 시작했다. 계속되는 제자훈련을 통해 30명 미만이었던 성도 수가 180여 명으로 늘어났다. 이 선교사는 제자훈련을 준비하면서 훈련에 대한 내용보다 교회론을 먼저 가르쳤다.

또한 '훈련'이라는 용어가 마치 자위대에서 훈련받는 듯한 뉘앙스로 받아들이는 일본 사람들의 거부감을 고려하여 제자훈련이라는 말 대신 'GT 97'(Growing Together 97)이라는 이름으로 제자훈련을 실시하고 있다. 'GT 97'이란 말은 '함께 성장하는 97년' 정도의 뜻을 담고 있다. 연도 수를 의미하는 97은 해마다 숫자가 바뀐다. 이수구 선교사는 성도들이 거부감없이 제자훈련에 임할 수 있도록 애썼던 자신의 경험을 삿포로 지역의 목회자들과 함께 나눴다.

사실 칼 세미나에 참석할 때에는 제자훈련이 필요하다는 당위성에 대해서 확신하게 되지만 막상 현실로 돌아가면 도대체 어디서부터 어떻게 시작해야 할지 몰라 당황할 수밖에 없다. 귀납법이 뭔지도 모른 채 귀납법적인 교재를 가지고 훈련을 하니 변화가 있을 리 없다. 게다가 일본에는 제자훈련의 좋은 모델 교회도 찾아볼 수가 없다. 제자훈련을 하는 다른 교회와 교류도 할 수 없다. 그래서 제자훈련을 포기하거나 원본과는 너무 거리가 먼 제 나름대로의 성경공부를 하면서 제자훈련을 하고 있다고 착각하게 된다.

이런 환경 속에서 삿포로 국제그리스도 교회라는 건강한 모델 교회와 삿포로 지역의 목회자 네트워크는 일본 교회 속에 제자훈련 사역의 소망의 씨앗을 이어가게 만든다.

또 다른 가능성의 문

_ 프랑스어권 사역

예수님에게 가장 중요한 목적은 그분이 아버지께로 돌아가신
다음 그분의 생명을 증언하고 그분의 일을 이어 갈 사람들을
모집하는 것이었다.

– 로버트 콜만

2006년 4월말 옥 목사님은 남가주 사랑의교회에서 세미나를 인도하고 프랑스 파리로 날아가야 했다. 그런데 문제가 생겼다. 옥 목사님의 건강이 안 좋았기 때문이었다. 이를 놓고 잠시 의견이 분분하다가 결국은 파리행을 강행하기로 결론이 났다.

당시 파리에 주재하는 프랑스 대사는 사랑의교회 출신인 주철기 집사였다. 또 대한무역투자진흥공사 관장 역시 사랑의교회 출신의 최진계 집사였다. 이들과 함께 프랑스에 현지인 교회를 개척하기 위해 준비하던 채희석 목사가 있었다. 이들은 프랑스어권에도 제자훈련이 필요하다는 데 마음을 모았고 1년 동안 『평신도를 깨운다』 프랑스어판 출간을 준비하고 있었다. 프랑스 복음주의권에서 존경받는 학자들이 책을 번역하고, 프랑스 복음주의권에서 중요한 위치를 차지하고 있는 보쉬센 신학교의 자크 부쉬홀드 신약학 교수가 서문을, 앙리 브로쉐 교수가 추천사를 썼다.

추천사를 쓴 앙리 브로쉐 교수는 프랑스 복음주의권 최고의 신학자로 조직신학을 전공했다. 보쉬센 대학에서 40년 동안 강의했고 여러 해 총장을 역임했던 인물로, 4~5년 전부터는 미국 휘튼 대학에서 박사 과정 책임 지도 교수로도 일하고 있다. 프랑스 복음주의 기독교의 등불과도 같은 존재로 평가 받는다. 그는 『평신도를 깨운다』 프랑스어판 추천사에서 "교회의 본질로서 제자훈련에 초점을 둔 단순하면서도 풍성한 경험이 담긴 책으로, 교회에 대한 열정이 담긴 책"이라고 찬사를 아끼지 않았다(월간 「디사이플」 2006년 6월호).

이들의 도움으로 2006년 5월 9일 저녁 6시 파리 침례교회에서 『평신도를 깨운다』 프랑스어판 출판기념회가 열렸다. 프랑스 복음주의를 대표하는 목회자들을 비롯해 프랑스 현지 목회자 50여 명과 한국인 70여 명이 기념회에 참석했다.

이 자리에서는 옥 목사님의 목회 철학을 소개하는 시간에 이어 옥 목사님의 '한 사람 철학'에 대해 참석자들과 대화를 나누는 시간도 마련됐다. 옥 목사님은 이 자리에서 '한 사람을 귀하게 보고 한 사람에게 목숨을 거는 것이 제자훈련 철학이며, 이제는 목회의 본질로 돌아가야 한다'고 강력한 메시지를 전했다. 기념회 분위기는 전체적으로 진지하고 뜨거웠으며 프랑스 목회자들은 옥 목사님의 한 사람 철학에 깊은 공감을 표현했다.

출판기념회가 열리기 며칠 전인 5월 4일, 옥 목사님과 우리 일행은 보쉬센 신학교를 방문했다. 보쉬센 신학교는 학생이 100여 명 정도밖에 안 되는 작은 신학교였다. 학교 입구는 간판도 안 보일 정도로 초라한 외양이었지만 내부로 들어가니 고풍스러운 느낌에 아주 차분하고 조용한 분위기였다.

학교를 방문한 옥 목사님은 학교 채플에서 한 사람 철학에 대해 설교하셨다. 40여 명 정도의 학생이 예배에 참석했는데, 메시지에 대한 학생들의 반응은 상당히 뜨거웠다. 예배가 끝나고 『평신도를 깨운다』 프랑스어판 저자 사인회를 열었는데, 프랑스 학생들이 옥 목사님의 사인을 받으려고 길게 줄을 서 있던 모습이 내 기억 속에 인상 깊이 남아 있다. 이 만남이 계기가 되어 프랑스에 복음주의 목회자를 지원하고자 1년에 한 사람의 목회자 지망생을 장학생으로 선발해서 지원하고 있다.

학교를 방문한 후에는 잠시 짬을 내 노용이란 도시를 찾아갔다. 그곳에는 종교개혁의 핵심 인물인 칼빈의 생가가 있었다. 칼빈은 많은 시간을 스위스에서 보냈지만, 노용은 어린 시절 칼빈이 아버지와 함께 살았던 곳이다. 노용에는 아주 오래된 성당이 있었고 칼빈이 지냈던 집은 박물관이 되어 칼빈의 유품을 전시하고 있었다.

옥 목사님과 우리 일행은 칼빈의 유품들을 둘러보며 칼빈의 생애를 돌이켜보는 귀한 시간을 보냈다. 칼빈은 죽기 직

“

예배가 끝나고 『평신도를 깨운다』
프랑스어판 저자 사인회를 열었는데,
프랑스 학생들이 옥 목사님의 사인을 받으려고
길게 줄을 서 있던 모습이
내 기억 속에 인상 깊이 남아 있다. ”

전까지도 말씀을 전했는데, 그가 설교하는 장면이 그림으로 그려져 박물관 벽에 걸려 있었다. 옥 목사님은 그 그림을 보면서 "나도 저렇게 살고 싶다"는 소망을 털어 놓았다. 당시 우리는 그것이 옥 목사님과의 마지막 나들이가 될 줄은 꿈에도 몰랐다.

『평신도를 깨운다』프랑스어판 출판 기념회가 끝난 다음에는 서부 아프리카 선교 전략회의가 열렸다. 당시에 제자훈련과 관련된 프랑스어권 자료들이 별로 없어 프랑스어를 사용하는 아프리카 지역의 많은 나라에서는 이런 자료들을 갈급해 하던 상황이었다.

프랑스를 비롯해 서부 아프리카 지역의 몇몇 선교사들이 모였는데, 박광석 선교사 등 전략회의 참석 선교사들은 이런 자료들을 선교 현지에서 어떻게 활용할 것인가, 특히 현지 목회자 교육에 어떻게 이용할 수 있는가를 놓고 심도 깊은 대화를 나누었다. 이 전략회의는 제자훈련 자료가 필요했던 선교사들에게 실질적인 도움을 줄 수 있는 좋은 기회가 되었다.

살아 있는
교육장

세미나를 통해 제자훈련의 전체적인 내용을 이해했다고 해도 자신의 교회로 돌아와서 실제적으로 제자훈련을 실시하려고 하면 부딪히는 문제가 한두 가지가 아니다. 이 문제를 해결하기 위해서는 반드시 세미나에서 배우고 이해한 것을 본인이 직접 경험해 보고 내 것으로 만드는 작업이 필수다. 그래서 마련된 과정이 '체험학교'다.

세상의 모든 것이 다 그렇듯, 어떤 것을 한 번 듣고 이해했다고 해서 그것이 고스란히 내 것이 되는 것은 아니다. 들을 때는 쉽고 다 잘할 수 있을 것 같지만 막상 해 보면 그대로 안 되는 것들이 얼마나 많던가? 제자훈련 역시 마찬가지다. 세미나에서는 "아, 그렇게 하는 거구나! 그렇게 하면 되겠구나!" 싶지만 막상 목회 현장으로 돌아가 보면 생각과는 달리 막막하기 그지없다.

사실 세미나는 제자훈련의 전체적인 개관을 이해하고 전반적인 흐름을 파악하는 자리다. 또한 제자훈련의 필요성과 제자훈련을 할 수 있도록 동기를 부여하는 장소다. 하지만 이것을 곧바로 목회 현장에서 적용할 수 있는 것은 아니다. 세미나를 통해 제자훈련의 전체적인 내용을 이해했다고 해도 자신의 교회로 돌아와서 실제적으로 제자훈련을 실시하려고 하면 부딪히는 문제가 한두 가지가 아니다. 이런 현상이 발생하는 것은 이론적인 내용은 배웠지만, 자신이 그것을 실제로 체험해 보지 않았기 때문이다. 따라서 적용의 문제가 반드시 현안으로 떠오르기 마련이다. 이런 문제를 해결하기 위해서는 반드시 세미나에서 배우고 이해한 것을 본인이 직접 경험해 보고 내 것으로 만드는 작업이 필수다. 그래서 마련된 과정이 '체험학교'다.

국제제자훈련원의 체험학교는 세 가지 과정으로 구성되어 있다. 하나는 참관이고 다른 하나는 실습, 그리고 마지막이 질의와 토론이다. 참관은 수강생 자신이 학생이 되어 경륜 있는 멘토가 인도하는 제자훈련에 참여해 보는 과정이다. 수강생은 이 기회를 통해 '제자훈련을 인도할 때는 이렇게 하는 거구나' 하는 느낌을 받는다. 또 이 시간에는 수강생 자신이 직접 훈련생이 되어 보기 때문에 제자훈련 때 평신도들이 어떤 기분으로 참여하는지를 경험할 수 있기도 하다. 즉, 훈련생에 대한 이해를 넓히는 시간이다.

사실 제자훈련은 참관할 기회가 거의 없다. 제자훈련은 소수의 사람들이 모여 내면의 깊숙한 이야기들을 다 꺼내 놓는 자리이기 때문에 외부 사람이 들어오는 것을 몹시 꺼린다. 외부인의 참관은 제자훈련의 분위기를 흐리고 진행을 방해한다. 그런 의미에서 제자훈련을 참관한다는 것은 소중한 기회다. 수강생들은 이런 기회를 통해 머릿속에서 막연하게 상상하던 기존의 관념들을 깨게 된다.

사람들이 많이 오해하는 것 중 하나가 제자훈련을 성경공부라고 생각하는 것이다. 인도자가 교재를 가지고 성경을 가르치는 것이라고 생각하는 것이다. 그래서 내용을 잘 준비해서 사람들이 이해하기 쉽게 전달하면 된다고 생각한다. 하지만 제자훈련을 참관하면 그 생각이 잘못되었다는 것을 깨닫게 된다.

제자훈련에서는 성경 본문에 대한 가르침과 질문이 주어지고, 그 질문을 놓고 훈련생들 사이에 대화가 이뤄진다. 또 인도자의 인도를 따라 훈련생들이 스스로 결론을 도출해 내고, 그렇게 발견한 진리를 자기 자신에게 적용해 보는 것이다.

그런데 제자훈련의 이런 접근방식은 그 자체로 생소한 것일 수 있다. 그런 경험이 없는 사람들이 한국 교회에는 상당히 많다. 지금까지 해 온 성경공부의 패러다임을 깨고 새로운 교육 환경을 지켜보는 것 자체가 수강생들에게는 충격적으로 다가올 수도 있다.

두 번째 과정인 실습은 수강생 자신이 직접 제자훈련반을 인도해 보는 시간이다. 이때는 제자훈련 교재의 한 과를 세 부분으로 나눠 한 사람씩 인도해 본다. 이렇게 한 과를 세 부분으로 나누는 것은 수강생 한 명이 한 과 전체를 인도하는 것이 힘들기 때문이다. 처음 제자훈련을 인도하는 사람은 그 정도로도 힘에 부친다.

이렇게 자신에게 할당된 분량을 인도하고 나면 제자훈련

전문가들과 다른 수강생으로부터 피드백을 받는다. 수강생들은 이미 제자훈련을 어떻게 인도해야 하는지에 대해 세미나에서 배웠고, 참관 시간을 통해 전문가가 제자훈련을 인도하는 모습을 지켜봤지만, 막상 실습에 들어가면 무척 어려워한다. 머리로는 이해했지만 몸이 따라주지를 않는 것이다. 다른 형태의 소그룹을 인도했던 경험이 있는 수강생의 경우는 그나마 적응하기가 쉽지만, 사실 성도들을 상대로 한 소그룹은 분위기가 많이 다르다.

실습 시간에 제자훈련을 인도해 보면 수강생 자신의 의도대로 잘 진행되지 않는다. 수강생 대부분이 이 시간에 긴장하고 힘들어한다. 훈련생들과 대화를 해야 하는데, 훈련생들이 자신의 의도대로 반응하지 않는다. 전혀 엉뚱한 대답을 하기도 하고 기대했던 반응이 나오지 않을 수도 있다. 제자훈련은 서로 커뮤니케이션 하는 것이기 때문에 일방적인 설교나 강의보다 훨씬 힘들다. 이런 이유로 체험학교에 들어온 목회자들은 실습 시간을 가장 힘들어한다.

제자훈련반을 인도한 다음에는 실습에 참여했던 목회자들끼리 피드백을 주고받는다. 이때는 가능하면 긍정적이고 격려하는 이야기를 많이 주고받을 수 있도록 유도하지만, 다른 수강생들로부터 비판을 받는 사람도 있다. 이러한 비판 가운데는 논리적이지 못하다는 지적에서부터 훈련생들과 대화할 때 눈을 맞추지 않는다거나, 머릿속으로 대화의 내용을 정리하느라 허공을 쳐다보며 이야기한다, 질문을 던져 놓고는 다른 사람의 이야기를 안 듣는다, 자신의 이야기만 계속해서 대화가 이뤄지지 못한다는 등 다양한 지적이 나온다. 또 개중에는 제자훈련반을 인도하면서 자신만의 독특한 버릇을 드러내기도 한다. 이런 버릇들은 대부분 수강생 본인도 잘 모르는 것들인데, 가령 발을 떨거나 쉬지 않고 펜을 돌리는 것 등이다.

이런 부분들을 지적받은 수강생들은 대부분 몹시 힘들어한다. 밤잠을 설치는 사람도 있고, 분을 삭이지 못해 혼자 씩씩대는 사람도 있다. 이런 반응을 보이는 이유는 대부분 지적 사항을 스스로 받아들이지 못하기 때문이다.

하지만 사실은 이런 과정을 통해 제자훈련반을 인도하는 법을 배워 나간다. 다른 사람들이 인도하는 모습을 보면서, 또 본인이 직접 인도해 보고 지적을 받으면서 나름대로 자신만의 방법을 찾아가는 것이다. 체험학교에서는 이런 실습을 두세 번 하는데, 수강생들의 기대와는 달리 두 번째 실습을 한다고 해서 첫 번째보다 더 나아지지는 않는다. 사람의 습관이란 것이 그렇게 쉽게 바뀌는 것이 아니기 때문이다. 계속해서 경험하고 연습해야만 진보가 있다. 머릿속에 새로운 정보가 입력되었다고 해서 금세 바뀌는 것이 아니다.

결국 체험학교에 참여해서 인도해 보고 평가 받는 과정을 반복하는 것이 중요하다. 시간이 흐르고 경험이 쌓여야 한다. 개 교회에서 제자훈련을 한다고는 하지만 막상 가서 보면 신학교에서 교수들이 강의하는 방식으로 제자훈련을 진행하는 경우가 상당히 많다. 하지만 그런 것은 제자훈련이 아니다. 제자훈련에 대한 이런 잘못된 생각들을 완전히 뒤집는 곳이 바로 체험학교다.

국제제자훈련원 사역 중 스태프들이 가장 힘들어 하는 사역이 이 체험학교다. 실습에 들어가면 한 번에 두세 시간 동안 수강생들의 행동을 분석하고, 체크하고, 평가해 주어야 하기 때문에 한 번 실습을 하고 나면 그야말로 진이 빠진다.

사실 제자훈련은 절대로 쉬운 일이 아니다. 본문에 집중해야 하고, 귀납법적으로 결론을 만들어 가고, 상대방의 말을 분석해야 하고, 또 도출된 결론을 가지고 훈련생들 각자가 자신의 삶에 비춰 보도록 인도하려면 집중력이 보통 필요한 것이 아니다. 그래서 교회에서 제자훈련반을 한번 인도하려면 엄청난 에너지가 소비된다. 제자훈련반을 인도하고 나면 목회자는 말 그대로 녹초가 된다. 한 시간 인도하는 것도 어려운데, 이것을 하루 세 번이나 한다. 그러니 보통 체력으로는 어림도 없다.

하지만 인도자만 힘든 것이 아니다. 제자훈련에 참여하는 훈련생도 학습할 내용을 미리 예습하는 등 나름대로 준비를 해야 하고, 제자훈련 시간에는 집중력을 가지고 참여해야 하니 역시 쉬운 일이 아니다. 그렇지만 제자훈련에 참여하면 훈련생도 그만큼 얻어 간다. 신앙생활을 하면서 사실 이런 기회가 많은 것은 아니다.

체험학교에서 보내는 시간들은 힘들지만, 일단 이 과정을 거치고 나면 제자훈련 사역에 있어서 상당한 진보를 경험할 수 있다. 총 3박 4일로 진행되는 이 과정은 목회자 자신에게도 새로운 영역에 눈뜨는 시간이 될 수 있다.

체험학교의 마지막 단계는 질의하고 토론하는 시간이다. 이 시간은 앞의 과정을 거치면서 서로 궁금한 것을 물어보고 다른 수강생의 체험도 공유하며 대화하는 여유로운 시간이다. 대개의 경우, 이 단계를 진행해 보면 체험학교의 필요성을 강조하는 수강생들이 많다. 하지만 이 과정이 소그룹으로 이뤄지는 모임이다 보니 훈련원에서도 계속해서 운영하기는 어렵다. 게다가 참여 인원도 제한되어 있어 많은 목회자들에게 이런 기회를 제공하지 못하는 것이 훈련원으로서는 아쉽다. 체험학교는 2011년 8월 현재 86기까지 수료했다.

TIP 제자훈련 실습시 수강생들이 공통적으로 지적받는 부분
체험학교에서 제자훈련 실습을 할 때 한국 교회의 목회자들이 가장 많이 지적받는 부분은 '논리적인 사고의 결여'다. 이 부분은 아무래도 한국 사회와 교육제도의 문제가 반영된 것이 아닌가 싶다. 제자훈련을 하려면 교재의 내용을 귀납적으로 이끌어 나가 일정한 결론에 도달해야 하는데, 수강생들이 이 과정을 체계적으로 이끌어 가지를 못한다.

또 교재를 다룰 때도 그 과에서 무엇을 물어봐야 하는지 초점을 맞추지 못하는 경우도 많고, 다뤄야 할 주제에서 벗어나 신학적인 쪽으로 지나치게 기운다거나 자신의 개인적인 경험으로 빠져 버리는 경우도 많다.

그 외에는 자기가 내려놓은 결론을 다른 사람에게 일방적으로 주입시키려는 경향이 강하고, 그러다 보니 다른 사람의 이야기를 제대로 경청하지 않는 경우가 많다. 제자훈련은 사람들과의 관계 속에서 이뤄지는 것인데, 대화를 하는 과정에서 지적은 무척 잘하지만 상대방을 격려하고 칭찬하는 데 무척이나 인색하기 쉽다.

TIP 체험학교 안에서 전문가들이 중점적으로 체크하는 부분

제자훈련 교재 안에는 관찰, 해석, 감정, 적용에 대한 질문들이 있다. 따라서 질문의 유형에 따라 훈련생들에게 요구되는 대답이 달라질 수 있다. 가령, 감정과 관련된 질문은 어떻게 살았느냐에 관한 질문이다. 질문의 성격에 따라 대화를 제대로 이끌어 가고, 시간 안배를 잘하는 것이 중요하다.

또 제자훈련을 이끌어 가는 과정에서는 질문과 경청이 제대로 이루어지고 있는지, 인도자가 일방적으로 너무 많은 이야기를 하지는 않는지, 주입식으로 가르치려고 하지는 않는지, 훈련생들이 대답할 여지를 주지 않고 인도자가 묻고 바로 대답해 버리지는 않는지, 이런 부분들이 일종의 체크 포인트다.

그 외 적용에 관한 부분도 주의 깊게 살펴본다. 성경에서 발견한 진리로 어떻게 살 것이냐 하는 부분을 제대로 이끌어 내는지, 그 적용이 지나치게 일반적이거나 추상적인 차원에 머무르고 있지는 않은지 등도 체크한다.

개인적인 영역에서는 인도자의 음성이 너무 작지는 않은지, 말투가 지나치게 빠르거나 톤이 일정해서 훈련생들의 졸음을 유발하지는 않는지, 아이스브레이크를 어떻게 이끌어 가는지, 숙제를 제대로 점검하는지 등, 전체적인 내용을 지켜보며 총평하고 대안도 제시해 준다.

체험학교 수료생들의 목소리

"체험학교는 제자훈련을 앞두고 목회자 자신을 준비하는 과정이라고 생각한다. 제자훈련에서 가장 중요한 것은 지도자가 준비되는 것이다. 아무리 훌륭한 훈련생들이 모였다고 할지라도 그것을 진행하는 지도자가 실력을 갖추지 못했다면 결국 실패할 수밖에 없다.

제자훈련의 소그룹을 인도하기 위해서는 인도자가 직접 소그룹을 경험해 보아야 한다. 목회자가 자신을 스스로 발견할 수 있는 기회는 많지 않다. 제자훈련을 인도하는 목회자가 스스로 열심히 하면 될 것 같지만 제자훈련에 참여하는 사람들의 삶이 변화되기 위해서는 목회자가 먼저 변화되어야 한다.

목회자가 자신의 장단점을 알고 깨달을 수 있는 기회가 바로 체험학교다. 나도 체험학교를 통해 목회자들 앞에서 직접 인도를 해 보니까 나 자신의 부족한 면을 발견하게 되었다. 열심히 인도하는 데에만 집중하다 보니 문제를 정확하게 전달하지 못하는 부분이 있음을 깨달은 것이다.

이러한 과정을 통해 제자훈련을 인도하는 것이 쉬운 문제가 아님을 절실히 깨달았다. 제자훈련에서 한 사람의 영혼과 전인격을 다루는 문제는 결코 쉬운 일이 아니다. 영혼을 다루는 목회자로서 대충 준비하여 훈련에 임한다면 변화도 일어나지 않고 결국 실패하게 될 것이다.

체험학교를 통해 얻는 유익은, 이러한 실패를 예방할 수 있다는 점이다.

제자훈련의 큰 틀을 짜는 과정을 배우는 것 역시 체험학교를 통해 얻을 수 있는 유익이다.

제자훈련을 하기 위해 교회를 진단하는 작업도 중요함을 깨달았다. 우리 교회의 전통은 무엇이고, 구성원은 누구이며, 교회가 안고 있는 문제들은 어떤 것들이 있는지 생각할 수 있는 기회가 되었다.

또한 목회자의 비전을 어떻게 성도들과 공유할 것인지, 새신자를 정착시키기 위해 필요한 사역들은 어떻게 운영해야 하는지를 배우게 되었다. 그리고 제자훈련을 위한 준비과정인 다양한 양육 체계의 과정을 배우고, 실제 사역에서 무엇을 적용할 것인지에 대한 노하우를 얻을 수 있었다.

처음부터 무작정 제자훈련, 사역훈련을 할 수는 없다. 제자훈련을 하기 위한 기초 작업에 무엇보다 많은 시간이 필요하다. 선발이 무엇보다 중요함을 절실하게 깨닫는다. 처음에 의욕과 열정만을 가지고 시작했지만 도중에 훈련생이 탈락하는 바람에 의욕을 상실할 때가 있었다.

이런 실패를 방지하려면 훈련생을 선발하는 방법들을 직접 경험하는 것이 필요하다고 생각한다. 그리고 제자훈련 과정의 실제들을 체험학교를 통해 배운다면 사역의 큰 밑거름이 될 것이다.

체험학교는 다양한 현장의 기술들을 습득하는 좋은 기회다. 체험학교를 통해 훈련의 방법들을 배우게 된다. 칼 세미나가 건물을 짓기 위한 도면이라면 체험학교는 실제 도면을 가지고 건물을 짓는 것이라고 생각한다. 아무리 좋은 도면일지라도 실제 건물로 보여 주지 못한다면 아무런 의미를 주지 못한다. 체험학교를 통해 제자훈련의 열정과 함께 사람을 다루는 테크닉과 노하우를 직접 현장에서 경험하게 된다.

제자훈련의 열정은 오래 가지 않는다. 열정을 지속하기 위해서는 실제 사역 현장에서 인도할 교재들을 살펴보고 경험해 보는 것이 중요하다. 제자훈련을 실시함에 있어서 사역을 경험하지 못하면 불안과 두려움으로 쉽게 포기해 버린다. 이를 극복하기 위해서는 체험학교를 통해 직접 경험해야 한다.

특히 체험학교에서 직접 보고 경험하는 기회가 매우 좋았다. 목회자들로만 구성되어 경험하는 체험학교에서는 느끼지 못하는 열정을 실제 모임을 인도하는 지도자들에게서 느낄 수 있었다.

현장에서 인도자가 일방적으로 내용을 전달하기보다 경청하고 서로 나누고 내용들을 요약하는 모습을 보면서 현장의 기술들을 경험하게 되었다. 이런 현장의 기술들을 통해 제자훈련을 할 수 있는 자신감을 얻게 되었다."

_ 김중곤 목사(희망찬교회)

"제자훈련 준비의 우선순위를 알았다."

_ **이수호 목사**(경희복음교회)

"체험학교는 보약을 한 채 먹은 느낌"

_**이종근 목사**(산본무지개교회)

"지적을 통해 인도법을 점검할 수 있어 좋았다."

_ **임찬수 목사**(포동제일교회)

"다양한 인도 방법의 노하우를 얻고 간다."

_ **배종원 목사**(부일교회)

"새로운 의욕을 얻고 제자훈련 하러 간다."

_ **마츠나가 목사**(일본 니이츠복음그리스도 교회)

"체험학교는 인도 기술이 화석화 되는 것을 방지해 준다."

_ **박영소 목사**(남서울우리교회)

"체험학교를 하면서 더 실제적으로 준비되어 가는 것 같다."

_ **오대은 목사**(가명, C국 현지 사역자)

제자 삼으라

세상 속에서 영적 전투의 최전선에 서 있는, 그래서 불신 세상과 부딪히며 살아 가고 있는 주체는 바로 평신도들이다. 이 평신도들이 본래의 자아상을 회복하고 세상 속에서 자신의 역할을 제대로 감당할 때 교회가 부흥할 수 있다. 그리고 평신도들이 그렇게 깨어날 수 있도록 돕기 위해서는 반드시 제자훈련이 필요하다.

왜 제자훈련일까? 다른 많은 프로그램들도 있는데 굳이 제자훈련을 선택해야 하는 이유는 무엇일까? 제자훈련만이 미래 교회를 위한 대안이라고 주장하는 근거는 무엇일까?

이런 질문에 대한 대답은 중요하다. 어떤 행동에 대한 분명한 근거와 구체적인 이유는 그 행동에 확실한 정당성을 부여하고 뚜렷한 동기를 유발시킨다. 애매모호하고 불투명한 이유는 제대로 된 방향성을 제시할 수 없고, 참여하는 사람들에게 '절실함'을 부여할 수 없기 때문이다. 그래서 우리가 제자훈련을 하는 이유를 분명하고 구체적으로 밝히는 것은 대단히 중요하다.

우리가 제자훈련을 해야 하는 가장 큰 이유는 성경에서 찾을 수 있다. 바로 주님이 우리에게 주신 명령이기 때문이다.

"그 중의 한 율법사가 예수를 시험하여 묻되 선생님 율법 중에서 어느 계명이 크니이까 예수께서 이르시되 네 마음을 다하고 목숨

을 다하고 뜻을 다하여 주 너의 하나님을 사랑하라 하셨으니 이

것이 크고 첫째 되는 계명이요 둘째도 그와 같으니 네 이웃을 네

자신같이 사랑하라 하셨으니 이 두 계명이 온 율법과 선지자의

강령이니라"(마 22:35-40)

여기서 "주 너의 하나님을 사랑하라"는 말씀과 "네 이웃을

네 자신같이 사랑하라"는 말씀을 흔히 '대계명'이라고 부른다.

"예수께서 나아와 말씀하여 이르시되 하늘과 땅의 모든 권세를 내

게 주셨으니 그러므로 너희는 가서 모든 민족을 제자로 삼아 아

버지와 아들과 성령의 이름으로 세례를 베풀고 내가 너희에게 분

부한 모든 것을 가르쳐 지키게 하라 볼지어다 내가 세상 끝날까

지 너희와 항상 함께 있으리라 하시니라"(마 28:18-20)

또 여기서 "모든 민족을 제자로 삼아 아버지와 아들과 성

령의 이름으로 세례를 베풀고 너희에게 분부한 모든 것을 가

르쳐 지키게 하라"는 말씀을 '지상명령'이라고 부른다. 예수

님의 이 대계명과 지상명령은 그리스도인이라면 누구나 반

드시 순종해야 할 중요한 명령이다. 이 명령을 피해 갈 수 있

는 사람은 아무도 없다.

그런데 여기서 우리가 잠깐 생각해 봐야 할 문제가 있다.

예수님의 "제자 삼으라"는 명령은 앞에 나오는 대계명, 즉 하나님을 사랑하고 이웃을 사랑하기 위한 하나의 구체적인 방편이라는 것이다. 모든 민족을 제자 삼는 것은 교회 성장이라는 목적을 달성하기 위한 수단이 아니라 대계명을 성취해가는 가장 확실한 방법이라는 점이다.

우리는 그동안 예수님의 "제자 삼으라"는 명령을 나가서 전도하라는 말씀으로 이해해 왔다. 하지만 성경을 자세히 들여다보면 이 말씀은 단순히 전도하라는 명령이나 교회를 성장시키라는 말씀이 아니다. 주님은 "아버지와 아들과 성령의 이름으로 세례를 베풀고 내가 너희에게 분부한 모든 것을 가르쳐 지키게 하라"고 하셨다. 다시 말해 가서 복음을 전하고 그들이 믿음의 공동체 안으로 들어올 수 있도록 세례를 베풀고 주님이 명령하신 대로 살 수 있도록 가르쳐 지키게 하라는 말씀이다. 우리가 제자훈련을 해야 하는 가장 기본적인 이유는 이와 같은 주님의 "제자 삼으라"는 명령을 온전히 수행하기 위해서다.

또 하나, 우리가 제자훈련을 해야 하는 이유는 '교회가 제 구실을 하도록 하기 위해서'다. 오늘날처럼 교회가 척박한 환경 속에 놓여 있을 때는 성도들의 기능과 역할이 성경적으로 회복되어야 한다.

현실적으로 이런 연구와 노력 없이는 교회가 제 구실을 다

할 수가 없다. 한국 교회는 지금 심각한 질병을 앓고 있다. 병든 교회는 그 숫자나 규모와 관계 없이 세상 앞에서 무력한 군중의 모습으로 전락해 있다. 지금 한국 교회의 시급한 과제는 무력한 군중을 그리스도의 제자로 정예화시키는 작업이다.

그런데 한국 교회를 다시 질적으로, 양적으로 부흥시키는 일은 몇몇 목회자의 노력으로는 불가능한 일이다. 평신도가 깨어나야 한다. 세상 속에서 영적 전투의 최전선에 서 있는, 그래서 불신 세상과 부딪히며 살아가고 있는 주체는 바로 평신도들이다. 평신도들이 열쇠를 쥐고 있다. 평신도들이 본래의 자아상을 회복하고 세상 속에서 자신의 역할을 제대로 감당할 때 교회가 부흥할 수 있다. 그리고 평신도들이 그렇게 깨어날 수 있도록 돕기 위해서는 반드시 제자훈련이 필요하다.

좀 오래된 책이긴 하지만, 『21세기를 위한 교회』에서 리드 앤더슨은, 21세기에 교회가 살아남으려면 무엇보다도 평신도가 무장하고 그들이 리더십을 가지고 제 역할을 감당해야만 한다고 역설했다. 이 책에서 앤더슨이 강조한 것은 평신도 리더십이었다. 건강한 교회는 얼마나 많은 사람들이 와서 목회자의 설교를 듣느냐에 따라 평가되는 것이 아니라 준비된 평신도가 얼마나 많이 세워졌느냐, 즉 평신도 지도자의 수가 얼마나 되느냐에 따라 평가되어야 한다.

이것이 팀 리더십의 핵심이다. 목회자는 평신도를 발굴해서 분명한 자아상을 가지고 제 역할을 감당할 수 있도록 준비시킬 의무가 있다. 반면 평신도는 은사에 따라 자신이 맡은 사역을 온전히 책임져야 할 의무가 있다. 이 두 개의 사역이 조화롭게 맞물려 잘 돌아갈 때 교회가 건강해진다. 그리고 이러한 팀 리더십이 이루어질 수 있도록 만들어 주는 것이 제자훈련이다. 제자훈련을 통해 팀 리더십이 만들어지면 교회는 건강해지고 세상을 향해 거룩한 영향력을 발휘하게 된다.

마지막으로 제자훈련이 꼭 필요한 이유는 목회 사역의 본질과 연관되어 있다.

최근 들어 많은 목회자들이 '쉽게 목회하려는 유혹'에 빠져 있다. 동전만 집어넣으면 바로 원하는 상품이 쏟아지는 인스턴트 시대를 살다 보니 자신도 모르게 그런 경향을 갖게 된 것이다. 마음이 급하다 보니 목회 시스템을 바꾸고 뭔가 새로운 시도를 하면 그것이 곧바로 눈으로 보이는 결과로 나타나기를 원한다.

하지만 목회는 '인스턴트'가 될 수 없다. 목회는 결국 사람을 키우는 일이다. 사람을 영적으로 성장시키고 양육하는 일이다. 하지만 사람을 키우는 것은 한순간에 이루어지지 않는다. 한 명의 아이를 낳아 그 아이가 자라 한 명의 성인이 되어 자신의 삶을 감당하기까지 최소 20여 년의 세월이 걸리는 것처럼, 사람을 키우는 일은 시간과 땀과 눈물이 필요한 일이다. 성도를 영적으로 성장시켜 자신이 누구인지를 알고 자기 역할을 감당할 수 있도록 평신도 지도자로 세우는 일은 세미나 몇 번 참석하고 몇몇 과정을 거쳤다고 되는 일이 절대로 아니다.

그런데도 몇몇 목회자들은 사람들을 무조건 소그룹 인도자로 파송하고 일정한 역할만 부여하면 교회가 휙휙 잘 돌아갈 것이라는 백일몽을 꾼다. 정작 중요한 사람을 세우는 일은 접어 두고 사람들에게 무조건 일거리만 맡기다 보니 여기저기서 문제가 터진다. 교회 안에는 준비도 되지 않고 역량도 없는 채 마음만 뜨거운 사람들로 북적인다.

그러면서도 사역의 가장 본질적인 부분, 즉 복음을 설명하고 복음을 이해시키는 일, 영혼을 구원하고 사람을 세워 가는 일은 평신도들에게 맡기지 않는다. 그저 마음만 뜨거운 사람들에게 다른 사람과 교제하고 섬기는 일만 하면 된다고 말한다. 하지만 그렇게 쉽게 사역을 맡기고 프로그램을 돌리면 그런 일에 동원된 사람들은 쉽게 지친다. 비록 뜨거운 마음으로 사역에 매달린다 하더라도 정작 자신은 전혀 성장하지 못하는 허기와 갈증에 시달리게 된다.

더욱이 이들은 사역의 본질적인 부분, 즉 복음을 전하고 영혼을 구원하는 일은 하지 못한다. 늘 목회자의 시녀 노릇밖에 할 수 없다. 물론 당회장의 지시 아래 일사불란하게 움직이면 단기간에 많은 양적 성장을 이룰 수는 있다. 하지만 이것은 오래 지속되지 못한다. 성도들이 영적 갈증을 느낄 수밖에 없는 구조다. 기초가 허술한 대형 건축물이고 진심이 빠진 현란한 기교일 뿐이다.

　사실 교회 입장에서 제자훈련은 어려운 선택일 수 있다. 사람을 키우는 데 많은 시간과 눈물과 땀을 쏟아야 하는 사역이다. 조만간 열매를 기대할 수 있는 사역도 아니다. 참고 인내하고 기다려야 한다. 하지만 그런 노력과 투자를 통해 세워진 사람들은 균형 잡힌 평신도 사역자로 성장하게 된다. 이들이 진정한 목회 동역자가 되어 하나님 나라를 세워 가고 세상 한 가운데서 복음으로 세상을 변화시키는 주체가 된다.

　단기간에 어떤 결과를 바란다면 제자훈련은 대안이 될 수 없다. 제자훈련은 목회의 본질을 붙잡고 미래를 보며 장기적인 투자를 하는 일이다. 옥 목사님이 지적하셨듯이, 진국 설렁탕 하나로 승부를 보는 일이다. 하지만 그것이 바로 목회의 본질이고 주님이 우리에게 주신 명령의 핵심을 붙잡는 일이다.

보이지 않는
섬김의 손길들

어떤 평신도가 목회자들이 지켜보는 가운데 자신의 소그룹을 담대하게 보여 줄 수 있겠는가? 그런 불편함을 감수하면서도 기꺼이 다락방을 개방하여 보여 주는 이들의 섬김이야말로 세미나의 꽃이라 할 수 있다.

국제제자훈련원에는 '보이지 않는 사역자'들이 있다. 이름도 빛도 없이 뒤에서 묵묵히 섬기는 이들이 있기에 훈련원의 사역이 잘 진행될 수 있다.

이들 가운데 사랑의교회 다락방을 이끄는 순장들이 있다. 다락방은 제자훈련을 통해 세워진 평신도 목회자, 바로 순장들이 섬기는 사역의 현장이다.

칼 세미나에서는 금요일 오전, 세미나 참가자들에게 다락방을 공개한다. 그리고 오후에는 참가자들이 또 다른 다락방을 방문해서 소그룹을 인도해 본다. 세미나에 참석한 목회자들이 가장 깊은 감명을 받는 부분이 바로 이 다락방 참관 시간이다. 하지만 어떤 평신도가 목회자들이 지켜보는 가운데 자신의 소그룹을 담대하게 보여 줄 수 있겠는가? 그런 불편함을 감수하면서도 기꺼이 다락방을 개방하여 보여 주는 이들의 섬김이야말로 세미나의 꽃이라 할 수 있다.

칼 세미나의 또 다른 섬김이는 제3권사회의 봉사자들이다. 세미나에 참석한 목회자라면 연보라색 유니폼을 곱게 차려

입은 권사들이 4박 5일의 빡빡한 시간표에 맞춰 간식을 공급하는 모습을 보았을 것이다. 이들은 칼 세미나 참석자들이 아침에 가장 먼저 만나는 사람들로, 세미나 기간 내내 현장에 상주하면서 밝은 미소로 친절하게 참석자들을 섬긴다. 아침 배식에서부터 강의 사이사이 간식과 밤 9시에 끝나는 마지막 강의 간식까지 제3권사회의 따뜻한 섬김은 계속된다.

제3권사회가 칼 세미나 봉사를 시작하게 된 계기는 각 권사회가 서로 교회의 사역을 나누는 과정에서 자연스럽게 이루어졌다. 이후 오랜 시간 동안 제3권사회는 이 녹록하지 않은 봉사활동을 성실하고 진지하게 수행해 왔다. 결코 젊지 않은 나이에 근 일주일 동안 집을 비우고 세미나 참석자들과 함께 숙식을 하며 봉사한다는 것은 주부이자 어머니로서 결코 쉽지 않은 일이다.

이들의 사역은 세미나 이전부터 시작된다. 일주일간의 간식 식단을 짜고, 순서대로 정리해서 시장을 보고, 구입한 물건을 세미나 장소인 안성수양관으로 보내고, 세미나 현장에 도착해서는 이를 다시 풀어서 순서대로 내놓는다. 간식의 메인은 무엇보다도 차 종류. 원두 커피에서부터 결명자차, 녹차, 밀크 커피 등 차 종류만 해도 네 가지다. 거기에 아침 배식과 마지막 간식까지 꼼꼼하게 준비해서 세미나 참석자들의 피로를 덜어 준다.

모두 여섯 명이 조를 짜서 일을 하는데, 세 명은 그 전 해에 이미 봉사를 한 경험이 있는 전임자, 세 명은 새로 들어와서 봉사하는 신입으로 팀을 짜 일을 가르치고 배우면서 인원을 순환시킨다. 이들에게는 이른바 '족보'가 있어서 세미나 참석자들이 좋아하는 간식에서부터 차의 종류까지 세세한 항목을 모두 꿰고 있다. 족보의 내용은 한 번 세미나가 이뤄질 때마다 업데이트 된다.

현재 제3권사회 회장을 맡고 있는 박현용 권사는 "전에는 세미나에 참석한 목사님들을 순장으로 실습할 때만 만날 수 있었는데, 이제는 함께 매 강의까지 들으며 만날 수 있어 좋다"며 "젊은 목사님들의 경우는 마치 아들 같은 느낌이 들어 한 가지라도 더 집어 주고 챙기게 된다"고 고백한다.

봉사하는 권사회원들 가운데는 당뇨나 혈압, 위암 수술 등 개인적인 어려움을 안고 있는 이들도 있지만, 힘든 내색 한 번 없이 세미나를 위해 헌신하고 있다. 늘 상냥하고 밝은 미소로 '어머니의 사랑'을 전하는 제3권사회 봉사자들은 칼 세미나의 또 다른 '힘'이다.

마지막으로 또 한 부류의 섬김이들이 있다. 이들이 없이는 훈련원의 칼 세미나를 비롯해서 개척 교회 세미나와 거의 매달 개최되는 은보 강좌가 진행될 수 없다. 그래서 나는 이들을 훈련원의 '제3의 사역자들'이라고 부른다.

나는 이들을 훈련원의
'제3의 사역자들'이라고 부른다.

'CALOR'(칼라), 이것이 이들의 정식 명칭이다. '칼 세미나를 섬기는 사람들'이라는 의미다. 현재 13명의 자원봉사자들로 구성된 칼라는 소수 정예의 '특수 요원'들이다. 이들의 역할을 살펴보면 왜 이들 없이는 훈련원의 여러 세미나 사역들이 제대로 돌아갈 수 없는지 쉽게 이해될 것이다.

칼라는 칼 세미나, 은보 강좌, 개척 교회 세미나의 등록 업무에서부터 세미나 자료를 챙겨 주는 일, 안내, 간식 제공, 식사 안내 등 세미나의 전반적인 운영을 맡고 있다. 그저 '전반적인 운영'이라고 말하니 칼라의 활약상이 제대로 전달되지 않겠지만, 적게는 수백 명에서 많게는 1천여 명에 이르는 세미나 참석자들의 등록과 안내, 간식 제공은 생각처럼 간단한 일이 아니다. 한 명의 칼라가 보살피고 섬겨야 하는 참석자의 숫자를 산술적으로 어림잡아 보면 쉽게 짐작할 수 있는 일이다.

칼라는 지난 2004년 2월, 15명의 인원으로 시작되었다. 칼라가 결성된 배경은 그 전 해인 2003년 가을로 거슬러 올라간다. 통상적으로 칼 세미나에는 매회 400여 명 정도의 사람들이 참석했는데, 이들을 관리하기 위해서 상당히 많은 사랑의교회 스태프와 자원봉사자들이 투입되었다. 훈련원의 목회자와 스태프들은 물론이고 교회 순장과 성도 등 동원할 수 있는 인원은 다 동원했다.

그러다 보니 문제가 발생했다. 오기로 약속은 했지만 개인적인 사정이 생겨 세미나 당일 참석하지 못하는 결원이 발생하거나, 익숙하지 않아서 업무 관리가 제대로 이루어지지 못하거나, 봉사자들의 일이 중복되는 등 여러 곳에서 생각지 못한 변수들이 연이어 나타났다.

그것뿐만이 아니었다. 세미나 전날 몇 차례에 걸쳐 점검할 때는 아무런 문제가 없었던 통역기가 세미나 당일 갑자기 작동하지 않거나 여러 팀이 동시에 투입되다 보니 봉사자들끼리 서로 잘 몰라 원활한 커뮤니케이션이 이루어지질 않았다. 무조건 인원이 많다고 일이 효율적으로 이루어지는 것은 아니었다. 전문적으로 칼 세미나를 섬길 훈련된 봉사자들이 필요했다.

이런 문제를 놓고 훈련원 쪽에서 지금의 칼라팀장인 김옥주 집사와 논의가 이루어졌다. 그리고 그 결과물이 '칼 세미나를 섬기는 사람들', 즉 칼라의 결성이었다. 칼 세미나를 위한, 일종의 전문화된 정예부대가 창설된 것이다. 한 팀당 6명씩 총 12명의 팀원과 팀장인 김옥주 집사를 포함, 13명으로 구성된 칼라의 활약은 눈부셨다. 이들은 1천 명이 넘는 세미나 참석 인원들의 당일 등록 접수에서부터 명단 확인, 교재 배포, 안내, 간식 제공, 식사 안내 등 세미나의 전반적인 진행을 주도했다.

칼라가 결성된 지 햇수로 8년, 칼라의 사역 범위는 이제 칼 세미나를 넘어 은보 강좌와 개척 교회 세미나로 확산되었다.

사랑의교회에서 오랫동안 봉사자로 활동했던 김옥주 집사는 12명의 팀원들과 '환상의 호흡'을 자랑하며 책임감을 가지고 훈련원의 사역들을 성실하게 섬기고 있다. 이들은 자신들의 모습이 곧 사랑의교회의 모습이라는 굳건한 사명감을 갖고 있다. 그래서 세미나 현장에 투입될 때는 유니폼을 통일하여 갖춰 입고 화장, 액세서리, 신발에 이르기까지 극히 세밀하게 신경을 쓰며 세미나 참석자들을 섬기고 있다.

13명의 팀원이 모두 주부여서 어려운 점도 많을 텐데 이들은 한 번도 그런 내색을 한 적이 없다. 가령, 개척 교회 세미나의 경우는 팀원들이 2박 3일 동안 안성수양관에 들어와 있어야 하는데, 가정주부로서 그것이 어찌 쉬운 일일 수 있겠는가? 가족의 이해와 사명감이 없이는 도저히 할 수 없는 일일 것이다.

세미나가 시작되면 새벽에 일어나 안성수양관까지 달려와서는 가방 패키지 작업부터 식사와 배식, 간식 준비, 안내 등으로 밤늦은 시각까지 줄곧 서 있어야 하는 고된 봉사를 늘 미소와 기쁨으로 감당하면서도, 오히려 자신들이 이런 사역을 통해 많은 은혜를 받고 있다고 말해 우리를 숙연하게 만든다.

훈련원의 숨어 있는 사역자들이자 제3의 스태프인 다락방 순장들과 제3권사회 봉사자들, 그리고 칼라 팀원들에게 이 책의 지면을 빌어 깊은 감사의 뜻을 전하고 싶다.

"내 목회는
실패한 것인가?"

제가 관심을 갖는 교회론은 교회의 주체가 누구인가 하는 것
입니다. 저는 교회의 주체가 평신도라고 생각합니다. 그것이 성
경적이라고 생각했고, 교회 주체인 평신도를 위해 목회자가 어
떤 사역을 우선에 두어야 하는지, 성도들에게 주어진 그 어느
것과도 바꿀 수 없는 영광스러운 신분과 소명이 무엇인지, 그
것을 목회자로서 어떻게 극대화시켜 줄 수 있는지 등 이런 것
을 고민하는 것이 저의 교회론의 중심이 돼 버렸습니다.

–'나의 교회론과 제자훈련은 엇박자가 된 것 같다' 중에서(「디사이플」 2009년 11월호)

조금은 어려운 이야기를 해야 할 것 같다. 옥 목사님의 교회론과 제자훈련, 사랑의교회가 복합적으로 얽혀 있는 문제다. 목사님은 이 부분에 대해 많은 고민을 하셨고, 나 역시 어느 것이 정답이라고 섣불리 판단할 마음은 없다. 아니 좀 더 솔직히 말하면 나는 이 문제의 해답을 모른다. 그것이 정직한 답변이다. 다만, 목사님이 생전에 고민하셨던 이 문제는 목사님의 개인적인 고민이라기보다는 한국 교회 전체에 던져진 질문이라고 생각되어 소개하고 싶은 것이다. 한국 교회는 이 부분에 대해 진지하게 논의할 필요성이 있다고 나는 생각한다.

이 이야기의 출발점은 '교회론'이다. 옥 목사님의 교회론은 훈련원과 제자훈련에 있어 대단히 중요한 요점 가운데 하나다. 『평신도를 깨운다』의 이론적 근거가 이 교회론이고 제자훈련의 신학적 출발점 역시 이 교회론이다. 칼 세미나 때 세미나 둘째 날 오전을 온통 교회론에 할애하는 것은 그만큼 이 부분이 중요하기 때문이다. 그래서 그동안 나는 목사님의 교회론을 별도로 빼내서 어떤 형태로든 정리하고 싶었다. 교회론의 명확한 핵심과 제자훈련과의 관계, 그 안에 내재된 핵심 사상 등의 내용이었다. 하지만 늘 상황이 여의치 않았다. 이 부분을 책의 형태로 정리하면 가장 좋겠지만, 목사님께서 건강이 나빠지면서부터는 쉽지 않은 일이 되어 버렸기 때문이다.

내가 이해하기로, 옥 목사님의 교회론에서 핵심은 '교회의 주체가 누구냐?' 하는 것이다. 옥 목사님은 교회의 구성원을 성직자와 평신도로 나누는 이분법적 구분에 문제를 제기한다. 목사님에 따르면, 교회의 주체는 교역자가 아니라 평신도여야 한다. 따라서 교회의 주체인 평신도를 위해 목회자가 어떻게 사역을 할 것이며, 평신도가 가져야 할 정체성은 무엇이고, 소명자로서 평신도의 역량을 어떻게 극대화할 수 있는지가 목사님의 교회론의 핵심 토대다. 목사님의 교회론에서 우리가 흔히 갖고 있던 목회자와 평신도의 위치는 역전된다. 교회의 주체는 평신도이고 목회자는 교회의 주체인 평신도를 깨우고 동역하는 동반자의 위치에 서게 된다.

이러한 교회론의 근저에 깔려 있는 핵심 사상은 바로 '사도성'이다. 즉, 교회는 사도와 선지자들의 터 위에 세움을 받았는데, 교회가 사도와 선지자들로부터 이어 받은 것은 말씀뿐만이 아니라 하나님이 그들에게 맡기셨던 사명까지 포함

된다고 보는 것이다. 그런데 그 말씀과 사명을 이어 받은 것은 어떤 특정한 소수의 성직자들이 아니라 전 교회(the whole church)라는 것이다.

이것이 사도성이다. 성도는 누구나 사역자로 부름을 받았으며, 결국 평신도를 깨운다는 것은 자신의 정체성을 잃고 목회자의 시녀로 전락한 평신도의 자아 정체성을 다시 깨우는 것이다. 다시 말해 진정한 자신의 정체성을 잃고 잠들어 있는 평신도들을 깨워 이들을 목회의 동역자로 세우는 것, 이것이 바로 제자훈련을 가능하게 하는 교회론의 핵심인 것이다. 기존의 교회 구조에서 보면 정말로 '혁명적'인 주장이다.

나는 이런 목사님의 이론을 좀 더 자세하게 풀어 주고, 목사님의 교회론이 어떻게 형성되었고, 칼 세미나를 해오면서 교회론에 어떤 변화가 있었는지 소개하고 싶었다. 칼 세미나를 진행하면서 나 역시 시간이 흐르면 흐를수록 목사님의 교회론이 더욱 더 중요하다고 생각하게 되었기 때문이다. 옥 목사님의 교회론은 그분의 목회 사역 30년에 걸쳐서 정립되었다 해도 과언이 아닐 정도로 오랜 시간이 소요되었다. 긴 시간 목회와 씨름하면서 눈이 열려 새롭게 확장된 목회철학이 바로 옥 목사님의 교회론이 아닐까 하는 것이 내 생각이다.

기회를 엿보다가 나는 옥 목사님과의 대담을 통해서 목사님의 교회론을 정리하고 그 내용을 월간 「디사이플」에 기획으로 싣기로 마음먹었다. 대담은 2009년 11월호 '교회론은 목회자의 생명'이라는 제목으로 실렸다.

그런데 그 대담에서 나는 꿈에도 생각지 못했던 옥 목사님의 이야기를 듣게 되었다. 그것은 "나의 교회론과 제자훈련이 엇박자가 된 것 같다"는 고백이었다. 나는 그 말을 듣는 순간 갑자기 망치로 뒤통수를 한 대 호되게 얻어맞은 느낌이었다. 그것은 목사님의 목회와 목사님의 철학이 서로 모순된다는 말이었고, 일면 '후회한다'라는 뜻으로도 들리기 때문이다.

'성공'이라는 관점에서 본다면 사실 목사님만큼 성공한 목회자도 흔치 않았다. 목사님은 단순히 사랑의교회를 성장시킨 것뿐만 아니라 목회의 질적 측면이나 영적 측면, 그리고 내용적인 측면에서도 진정한 의미의 '성공'을 이룬 목회자로 평가 받았기 때문이다.

그런 목사님이 자신의 목회철학과 제자훈련이 엇박자가 되었다고 말한 것은 충격 그 이상이었다. 목사님이 그렇게 말씀하신 이유를 거칠게 정리하면 대략 이런 것이다.

목사님은 교회가 너무 비대해져 버리면 당신이 언급하고 있는 교회론의 정신을 살리기가 어렵다고 보았다. 그런데 당신이 하는 목회는 본인의 의사와는 관계 없이 그 규모가 지나치게 커져 버렸다. 결국 목사님은 목회를 마무리하는 시점에서 사랑의교회를 보면서 일종의 패배감을 느꼈다. 그리고 자신이 가르쳤던 교회론의 본질을 찾으려면 적절한 규모로 교회의 크기를 제한할 필요가 있다고 보았다. 가령, 다른 좋은 지도자를 세워서 같은 목회 철학을 공유한 교회를 계속 세워 나갔으면 어땠을까 하는 것이 목사님의 아쉬움이었다.

사실 목사님의 목회를 뒤돌아보면 교회가 급성장하는 것을 막기 위해 상당한 노력을 기울여 왔다. 가령 목사님은 의도적으로 새신자에게 냉담했다. 상대방을 무시하거나 차갑게 대했다는 의미가 아니라 필요 이상으로 환대하지 않았다는 의미다. 특히 사회적으로 유명한 인사나 재력가일 경우에는 더욱 그랬다. 이런 사람들은 사랑의교회에 와서 상당히 당황했다. 다른 교회에서 받았던 그 '극진한' 환대를 사랑의교회에서는 전혀 기대할 수 없었기 때문이다. 목사님은 심지어 심방도 잘 가지 않았다.

사회적 위치와 관계 없이 사랑의교회 교인은 일정한 과정을 통과해야만 비로소 교인으로 인정받았다. 새가족 모임이라든가 성경공부, 평신도 훈련과 같이 이수해야 할 교육을 모두 받고 통과해야만 교인으로 인정받는 분위기여서 아무나 교회에 와서 자리 잡고 교인 행세를 할 수 없었다. 더욱이 평신도 지도자가 되기 위해서는 제자훈련이란 어려운 과정을 거쳐야만 했다. 어떻게 보면 이런 요소들은 교회가 급성장하지 못하도록 막기 위한 목사님의 전략이었다.

그렇다고 목사님이 인위적으로 교인 수를 제한하거나 축소시키지는 않았다. 그것이 성경적인 방법이라고는 보지 않았던 것이다. 그런데 결과적으로 교회는 대형 교회로 성장했고, 목사님 입장에서는 대형 교회라는 옷을 입고 교회론의 본질을 고수하는 것이 쉽지 않은 일이었던 것이다. 그래서 목사님은 대담을 통해 개 교회의 성장보다는 하나님 나라의 성장이라는 관점에서 좀 더 적극적인 목회를 했으면 좋았을 것이라는 아쉬움을 표현하기도 했다.

그런데 이 대담이 공교롭게도 사랑의교회가 교회 건축을 결정하던 시점에 이루어졌다. 나로서는 대담을 잡지에 게재하는 것이 상당히 부담스러워졌다. 자칫하면 이 내용이 마치 교회 건축을 반대하는 것처럼 비칠 수도 있었기 때문이었다. 하지만 그때 내가 게재를 결정했던 것은 목사님이 갖고 있던 고민을 그대로 보여 주는 것이 한국 교회를 위하는 길이라는 생각 때문이었다. 목사님처럼 교회론의 본질을 놓고 진지하게 고민하는 목회자, 그런 목회자가 많아져야 한국 교회가 진정한 의미에서 건강을 회복할 수 있다는 것이 내 믿음이었다.

목사님이 소천하신 지금 이 시점에서 나는 목사님의 고민이 한국 교회에 진지한 질문을 던진다고 본다. '제자훈련 정신에 입각한 교회 성장은 불가능한 것인가? 제자훈련을 통해 교회가 성장할 때는 어떻게 교회의 본질을 유지할 수 있을 것인가? 대형 교회와 제자훈련 정신이 엇박자를 이룰 때 우리가 추구해야 할 목회의 방향은 무엇인가?'와 같은 질문들이다. 나는 한국 교회가 언젠가는 이 질문에 대답해야 한다고 본다. 옥 목사님의 목회는 과연 실패한 것인가?

그 대답은 우리 후배 목회자들이 찾아 내야 할 과제이다.

우리가 이어가겠습니다

옥한흠이라는 퍼스트 바이올린 곁에서 세컨드 바이올린을 연주한 나는 참 행복한 사람이다. 내 인생에 아름다운 꽃이 피도록 후원해 주는 좋은 멘토와 30년을 동역했다는 것. 온 생애를 던져도 아깝지 않을 동일한 비전을 가지고 마음껏 뛸 수 있었던 것. 존경할 수 있는 분을 가장 가까운 거리에서 모시고 오랫동안 함께 지낼 수 있었다는 것. 이게 행복이 아니고 무엇이겠는가?

이런 행복을 나 혼자만 누린 것은 아니다. 옥한흠 목사님이 자신의 생명과 같이 여기고 몸과 마음의 진액을 쏟아부은 목회 현장인 사랑의교회, 하나의 지역 교회를 뛰어넘어 형제 된 교회들을 건강하게 세우기 위한 기관인 국제제자훈련원,

한국 교회의 일치와 갱신을 위해 진보와 보수의 경계선을 허물고 함께 힘을 합해 세운 교갱협과 한목협. 이러한 사역의 장에서 그분을 멘토로 모시고 나와 같은 행복을 누린 사람의 수는 이루 헤아릴 수 없다.

특별히 그분의 영향을 받아 제자훈련이라는 아름다운 곡을 연주하는 많은 분들을 만날 수 있었던 것은 또 다른 기쁨이었다. 조국의 구석구석에서, 그리고 세계의 다양한 문화권에서 제자훈련으로 일군 목회현장마다 저마다 독특한 소리를 내어 화음을 이룬다. 혼자서 따로 내는 음은 영향력이 없다. 그러나 다양한 소리가 함께 화음을 이루면 많은 사람들의 가슴을 흔드는 큰 울림으로 다가갈 수 있다.

함께하면 더 잘할 수 있다. 혼자서는 절대로 못하는 일도 함께하면 가능하다. 각자가 가지고 있는 독특한 장점으로 서로의 약점을 보완해 줄 수 있기 때문이다. 함께 하면 쉬운 길을 택하려는 유혹에 빠지지 않고 우직하게 한 길을 갈 수 있는 힘을 얻을 수 있다.

함께하면 제자훈련을 마치 학원이나 병정놀이처럼 오해하는 사람들에게 제자훈련의 본질을 보여 줄 수 있다. 제자훈련 껍데기만 가지고 마치 제자훈련을 하고 있다고 착각하는 사람들의 시각도 교정할 수 있다.

작은 예수가 되라고 가르쳤던 옥 목사님은 진정으로 작은 예수였다. 비록 그분이 붙잡았던 주제는 자신을 늘 긴장하게 만들고 고민하며 살게 만드는 고약한 부분이 있었지만 그분은 기꺼이 그 주제에 집중하고 씨름하며 살았다. 그래서 쉽게 살지 않고 치열하게 살았다. 그리고 그분의 모범은 남은 우리에게 그렇게 살라고 요구하고 있다.

지금도 제자훈련하는 목회자들에게 눈을 부릅뜨고 경고하던 메시지가 귀에 쟁쟁하다.

"조금이라도 권위주의 냄새를 풍기지 말라. 제자들을 '내' 제자가 아니라 '예수'의 제자로 세우라. 소유욕을 갖지 말라. 가식하지 말라. 실수를 인정하고 자기방어하지 말라. 진지하고 투명하라. 가르치는 것 같지 않게 가르치라. 가르치는 것이 업이라는 인상을 주지 말라. 흥정하지 말라. 흥정하게 되면 지도자는 지저분해지고 제자훈련은 실패한다. 훈련생에게 신뢰를 주라. 기도하면서 하는 일일수록 상식을 지켜라. 많이 가르치려고 하지 말고 한 가지라도 지키게 하는 것이 더 중요하다."

그분이 우리 곁을 떠나셨다. 아직 그분을 따라가려면 한참 멀었는데 말이다. 비록 그분은 지금 우리 곁에 계시지 않지만 나는 그분이 남겨 놓은 음을 따라 세컨드 바이올린을 계속 연주한다. 비록 어설플지라도, 흉내가 반복되면 습관이 되어 있을 것이다. 그리고 그런 습관은 우리의 삶, 사역의 패턴을 바꾸어 놓을 것이다. 우리도 그분이 고민했던 동일한 주제를 끌어안고 씨름한다면, 적어도 우리의 삶과 사역이 속물로 전락하지는 않을 것이다.

이제 나는 그분의 발자취를 따라 세컨드 바이올린의 자리에 선 수많은 동역자들을 만나고 싶다. 함께 손을 잡고 아름다운 음악을 연주하고 싶다. 우리가 함께 만들어 내는 이 하모니가 점점 더 큰 영적 파도를 만들 것이다. 한번의 파도가 아닌 계속해서 더 큰 파도로 이어지고, 나중에는 엄청난 영적 쓰나미를 일으킬 것이다. 지금은 비록 작은 지류에 지나지 않을지 모르지만 흔들림 없이 함께 손잡고 이 노래를 부를 때 결국에는 우리 시대에 우리의 목전에서 진정한 영적 부흥을 경험할 수 있게 될 것이다. 자 어떤가? 함께 손잡고 이 노래를 이어가지 않겠는가?

반드시 성공하는
'제자훈련 노하우'

제자훈련의 최대 강점이자 약점이 인도자와 훈련생이 매우 가까이 있다는 점이다. 훈련생이 인도자의 평소 삶을 모두 볼 수가 있어서 그의 삶과 가르침이 일치하는지 확인할 수 있는 것이다. 따라서 인도자가 가르치는 내용과 그의 삶이 일치하면 훈련생들에게는 엄청난 영향력을 미친다. 하지만 반대로 양자가 일치하지 못하면 변화를 일으킬 힘을 잃는다.

노하우 1 먼저 뜨거워지라

누가복음 24장 13절 이하를 보면, 예루살렘을 떠나 엠마오로 가던 두 제자가 나온다. 이들은 예수님의 텅 빈 무덤에 대해 이야기를 나누며 길을 가고 있었는데, 이들의 여정에 예수님이 동행한다. 하지만 성경에 보면 "그들의 눈이 가리어져서" 이들은 예수님을 알아보지 못한다.

하지만 식사 시간에 놀라운 일이 벌어진다.

"그들과 함께 음식 잡수실 때에 떡을 가지사 축사하시고 떼어 그들에게 주시니 그들의 눈이 밝아져 그인 줄 알아 보더니…그들이 서로 말하되 길에서 우리에게 말씀하시고 우리에게 성경을 풀어 주실 때에 우리 속에서 마음이 뜨겁지 아니하더냐"(눅 24:30-32).

'은혜'는 해석하기에 따라 그 의미가 조금씩 달라질 수 있겠지만, 나는 은혜가 이런 것이라고 생각한다. 누가복음에 나타난 이 말씀처럼, "우리에게 성경을 풀어 주실 때에 우리

속에서 마음이 뜨겁지 아니하더냐" 하는 것, 다시 말하면, 함께 말씀을 나눌 때 우리의 마음이 '뜨거워지는 것'이라고 생각한다.

본문에는 또 "떡을 가지사 축사하시고 떼어 그들에게 주시니 그들의 눈이 밝아져"라는 말씀이 나온다. 여기서 이 '눈이 밝아져'라는 표현이 '은혜'의 개념을 가장 잘 표현한 것이라고 생각한다.

제자훈련은 지식을 나누는 자리가 아니다. 함께 말씀을 풀어 가는 과정에서 마음이 뜨거워지고, 영적인 진리를 깨닫는 과정에서 눈이 밝아지는 자리다. 쉽게 말해 은혜를 체험하는 자리다. 제자훈련에서 가장 중요한 요소는 은혜다. 주님이 십자가에서 돌아가심을 나누는 과정에서 가슴이 뜨거워지고 눈물을 흘릴 수 있는 감동을 경험하는 시간이다.

어떤 사역이든 은혜가 없으면 거칠고 메마른 시간이 된다. 은혜 없이 성경을 공부한다면, 그것은 단순히 지식을 나누는 자리, 학교에서 수업 받는 자리다. 짐이 되고 지겨운 자리다. 짐이 되면 그 시간이 즐거울 수 없다. 제자훈련이 이처럼 피하고 싶고 피곤한 시간이 되면 안 된다.

제자훈련은 자칫 잘못하면 율법주의에 빠져 사람들에게 짐을 지우는 시간이 되기 쉽다. 말씀의 이름으로 끊임없이 요구만 늘어놓는 시간이 될 수도 있다. 하지만 제자훈련은 머리가 아니라 가슴으로 하는 것이다. 말씀을 나누는 사람의 뜨거운 가슴과 열정, 훈련생들을 향한 넘치는 사랑이 있을 때 제자훈련은 은혜가 된다. 은혜가 있을 때 제자훈련의 모든 과정이 기쁨으로 다가오고 보람찬 시간이 되며, 훈련생들은 기꺼이 자신의 시간을 투자하게 된다.

이렇게 제자훈련에 은혜가 넘치려면 인도자가 먼저 은혜를 체험해야 한다. 인도자가 먼저 은혜를 경험해야 훈련생들에게 자신의 은혜를 나눠 줄 수 있다. 십자가의 은혜에 깊이 빠져본 사람, '나 같은 죄인에게 부어 주신 하나님의 사랑'을 경험해 본 사람만이 다른 사람들과 은혜를 공유할 수 있다.

노하우 2 철저하게 준비하라

일방적인 설교는 상대방의 반응이 필요 없다. 말씀을 그저 논리적으로 풀어 주기만 하면 된다. 하지만 제자훈련은 다르다. 제자훈련에서는 질문을 던지고 상대방의 대답을 경청해야 한다. 상대방의 반응에 따라 내 반응도 달라진다. 일방적 커뮤니케이션이 아니라 쌍방향 커뮤니케이션이다. 그래서 사전에 철저한 준비가 필요하다.

제자훈련을 할 때 인도자는 대화의 전체적인 방향을 설정

할 수 있어야 하고 다른 사람의 이야기를 경청할 수 있는 마음의 여유가 필요하다. 그러기 위해서는 교재의 내용이나 함께 나눌 주제에 대해 철저하게 파악하고 이해해야 한다. 인도자가 교재의 내용이나 주제에 대해 어설프게 알아서는 전체적인 과정을 대화로 이끌어 나갈 수가 없다. 더욱이 해당 주제에 대해 서로 의견을 나누는 과정에서 성령님이 훈련생 한 사람, 한 사람을 어떻게 이끌어 가는지를 민감하게 파악하고 거기에 반응하려면 인도자가 사전에 철저하게 준비되어 있지 않고는 도저히 불가능한 일이다.

준비가 어설픈 사람들은 자신이 메모한 것에 얽매인다. 그 내용을 읽기에 바쁘고 훈련생들과 눈을 맞출 여유가 없다. 메모에서 눈을 뗄 수 없기 때문에 다른 사람들이 보여 주는 반응에 예민하게 대응할 시간이 없다. 성령님이 그때그때 사람들에게 역사하는 모습을 지켜 볼 마음의 공간이 없는 것이다.

그래서 철저한 준비가 필요하다. 내가 들고 있는 교재로부터 자유로워질 수 있을 만큼 깊이 있는 사전 준비가 필요한 것이다. 훈련생이 성경 본문의 내용을 질문할 때도 인도자는 교재에 나와 있는 답을 아는 정도가 아니라 그 본문을 깊이 연구해서 이해하고 있어야 한다. 그래야만 비로소 훈련생과 대화할 수 있는 여유가 생긴다.

주제에 대한 연구 및 이해와 더불어 훈련을 받는 한 사람,

한 사람을 떠올리며 그들을 위해 기도하고 준비하는 마음도 중요하다. 이 또한 철저한 사전 준비 가운데 중요한 요소다. 아울러 성경의 진리를 가지고 함께 대화를 나누고 진리를 찾아 나갈 때 성령님이 훈련생 한 사람, 한 사람을 움직이고 변화를 이끌어 낼 수 있도록 성령님께 의지하는 것이 가장 중요하다. 인도자가 아무리 제자훈련의 과정을 잘 이끌어도 훈련생 한 사람, 한 사람의 마음을 열고 변화시키는 분은 성령님이다. 따라서 인도자가 얼마나 하나님 앞에 무릎을 꿇고 기도하며 준비하느냐가 제자훈련의 성공 여부를 결정짓는 핵심 요소 가운데 하나다.

노하우 3 **가면을 벗으라**

제자훈련의 핵심은 인도자다. 누가 가르치는가에 따라 열매가 달라진다. 제자훈련에서 이처럼 인도자가 중요한 이유는 소그룹 안에서 함께 나누는 진리와 그 내용을 가르치는 인도자의 삶이 서로 일치해야 하기 때문이다.

사람들의 마음에 변화를 일으키는 중요한 요소 가운데 하나가 인도자의 삶이다. 훈련생들은 배운 대로 살지 않고 본 대로 산다. 설명을 통해 성경적인 원리를 이해시키는 것보다 더 중요한 것은 인도자가 훈련생들 앞에서 자신이 가르치는 대로 살아야 하는 부분이다. 본인은 전혀 가르친 대로 살지 않으면서 훈련생들에게만 이렇게 살아야 한다고 말하면 설득력을 잃는다. 제자훈련의 최대 강점이자 약점이 인도자와 훈련생이 매우 가까이 있다는 점이다. 훈련생이 인도자의 평소 삶을 모두 볼 수가 있어서 그의 삶과 가르침이 일치하는지 확인할 수 있는 것이다. 따라서 인도자가 가르치는 내용과 그의 삶이 일치하면 훈련생들에게는 엄청난 영향력을 미친다. 하지만 반대로 양자가 일치하지 못하면 변화를 일으킬 힘을 잃는다.

문제는 그렇게 완벽한 인도자가 있느냐 하는 것이다. 나의 삶을 다 드러내 놓는 소그룹 안에서 내가 부족함에도 불구하고 사람들에게 영향력을 미칠 수 있을까 하는 의문이 생길 수밖에 없다. 그래서 인도자에게 꼭 필요한 자세가 있다면 그것은 함께 배우려는 자세다. 이것은 가르치는 사람과 배우는 사람이 똑같이 말씀의 권위 앞에 무릎을 꿇는 일이다. 말씀의 권위 앞에 항복하는 일이다. 말씀 앞에서 자신의 인간적인 결함을 솔직하게 고백하고 성령의 인도하심에 따라 스스로 변화하는 것이다. 그렇게 인도자가 변화될 때, 비로소 다른 사람을 변화시킬 수 있는 능력이 나타난다.

훈련생으로 오는 사람도 자신을 있는 그대로 보여 주지 않는다. 모두들 가면을 쓰고 나타난다. 하지만 인도자가 먼저 자신의 약함을 드러내고 가면을 벗을 때 훈련생도 가면을 벗을 수 있다. 스스로 완벽한 것처럼 위장하는 것보다는 인도자가 말씀의 권위 앞에 자신의 삶을 맡기는 모습들을 보여 줄 때 비로소 훈련생들도 변화된다.

노하우 4 **소그룹에 익숙해지라**

인도자가 제자훈련을 잘 이끌려면 소그룹 환경을 제대로 경험하는 것이 필요하다. 목회자들은 대부분 설교 같은 일방적 커뮤니케이션에 익숙하다. 특별히 선교단체 같은 곳에서 훈련을 받지 않은 한 소그룹 환경을 경험해 본 적이 없다. 이렇다 보니 막상 제자훈련에 들어가면 뭘 어떻게 할지를 몰라 '패닉 현상'을 겪는다. 아니면 늘 하던 대로 설교하다 끝나는 경우가 다반사다.

　소그룹 환경에서는 인도자가 질문을 던지고 다른 훈련생들의 이야기를 잘 갈무리해서 결론으로 이끌어 가야 한다. 그러려면 인도자가 먼저 소그룹에 익숙하고 소그룹 환경에 능숙해야 한다. 그래야 제자훈련이 제대로 이루어진다. 인도자가 소그룹 환경에 익숙하지 않은 상태에서 제자훈련을 하면

훈련생들에게 감동을 주거나 삶의 변화를 일으키기가 쉽지 않다. 그렇다고 인도자가 제자훈련을 받겠다고 온 사람들을 앞에 놓고 연습을 할 수도 없는 일이다.

따라서 인도자가 먼저 소그룹을 경험할 수 있는 시간을 확보하는 것이 필요하다. 가령 아내나 가족들처럼 어떤 상황에서도 나를 이해해 줄 수 있는 사람들을 대상으로, 혹은 목회자들끼리 소그룹을 경험할 수 있는 기회를 만드는 것이 중요하다. 그런 기회를 통해 소그룹을 경험하고 그런 경험이 축적되면 비로소 제자훈련에 임할 수 있다. 하지만 그런 기회를 만들 수 있는 상황이 아니라면 제자훈련원의 체험학교를 활용하는 것도 하나의 방편이 될 수 있다.

노하우 5 구체적으로 적용하라

제자훈련에 있어 중요한 강조점 가운데 하나가 적용의 문제다. 제자훈련은 잘못하면 그저 성경공부 시간이 될 수가 있는데, 가령 성경의 내용을 가지고 신학적으로 분석하고 어떤 원리를 붙잡는 것만으로 끝난다면 이는 제자훈련이 아니라 성경공부다.

하지만 제자훈련에서는 이러한 성경적 원리를 자신의 삶

에 적용하는 것을 대단히 중요하게 여긴다. 제자훈련 과정에서 절대 빼놓을 수 없는 부분이다. 제자훈련에서는 많은 것을 아는 것보다 자신이 깨달은 것을 삶 속에서 실천하는 것을 중요하게 여긴다. 동시에 그러한 실천이 어떤 결과를 만들어 냈는지 다른 사람들과 함께 나누는 것이 중요하다. 하나의 성경적 진리를 가지고 삶 속에서 실천했을 때 어떤 일들이 벌어졌는지, 나에게는 어떤 변화들이 일어났는지, 그런 피드백을 서로 나누는 것이 중요하다.

가령, 원수를 사랑하라는 말씀을 붙잡았다면 지금부터 원수를 사랑해야겠다고 결심하는 것만이 중요한 것이 아니라, 나를 힘들게 하고 불편하게 했던 내 주변의 사람들에게 어떻게 사랑을 실천할지 고민해야 하고, 오늘, 혹은 이번 주 안에 내가 그것을 어떻게 실천할 것인지를 결정해야 한다. 여기까지 나가야 제대로 된 제자훈련이라고 말할 수 있다. 원리를 깨닫는 데 30분을 투자했다면 실천을 고민하는 데 30분을 사용해야 한다. 만약 제자훈련 과정에서 이 적용과 실천을 고민하는 시간을 생략해 버린다면 성경적 지식만 가득한 기형적 신앙인을 만들게 될 것이다.

국제제자훈련원은 건강한 교회를 꿈꾸는 목회의 동반자로서 제자 삼는 사역을 중심으로 성경적 목회 모델을 제시함으로 세계 교회를 섬기는 전문 사역 기관입니다.

한 영혼에 목숨 거는 제자훈련 정신을

나는 잇는다

발행일 2011년 11월 5일 초판 1쇄
      2011년 12월 20일 초판 10쇄
지은이 김명호 **펴낸이** 오정현
펴낸곳 도서출판 국제제자훈련원
편집책임 옥성호 **편집** 조지혜 김동규 **디자인** 정선형
마케팅 김겸성 정민경 송상헌 고태석 양보람 오주영
등록번호 제22-1240호(1997년 12월 5일)
주소 서울시 서초구 서초 1동 1443-26 국제제자훈련원
전화 02-3489-4300 **팩스** 02-3489-4309
E-mail dmipress@sarang.org